OSCAR WILDE

Märchen und Erzählungen

OSCAR WILDE

Märchen und Erzählungen

Übersetzt und bearbeitet von
Richard Zoozmann

Der vorliegende Text folgt der Ausgabe:
Oscar Wilde, Erzählungen und Märchen
Th. Knaur Nachf., 1924

Satz & Layout: BuchBetrieb Peggy Stelling, Leipzig
Titelabbildung: akg-images, Berlin
Umschlag: Groothuis, Lohfert, Consorten | glcons.de
Printed in the Czech Republic
ISBN: 978-3-86820-132-1

www.nikol-verlag.de

INHALT

DAS GRANATAPFELHAUS

Der junge König

1.

Es war die Nacht am Tage vor seiner Krönung, als der junge König einsam in seinem wunderbaren Gemach weilte. Seine Höflinge hatten ihn verlassen, dem zeremoniellen Tagesgebrauch gemäß die Häupter bis zur Erde neigend. Sie alle hatten die große Halle des Königsschlosses aufgesucht, um dort noch die letzten Unterweisungen vom Hofzeremonienmeister entgegenzunehmen. Waren ihrer doch noch einige, die sich nach wie vor ganz ungeschraubt bewegten! Und dass dies bei einem Höfling ein gar großes Vergehen ist, bedarf wohl keiner Worte.

Der Knabe (denn er war nichts anderes mit seinen sechzehn Jahren) war nicht betrübt, dass sie gegangen waren. Er hatte sich mit einem leisen Seufzer der Erleichterung zurückgeworfen auf die weichen gestickten Kissen seines Lagers und ruhte dort nun glutäugig, die Lippen hauchgeöffnet wie ein brauner Faun des Waldes oder wie irgend ein junges Tier der Wildnis, das die Jäger eingefangen hatten.

Und wirklich waren es ja auch die Jäger gewesen, die ihn gefunden, ihn wie durch Zufall aufgetrieben hatten, als er barfüßig, die Flöte in der Hand, hinter der Herde des armen Ziegenhirten herging, der ihn aufgezogen, und dessen Sohn zu sein er seit frühester Kindheit an gewöhnt war. Des alten Königs einziger Tochter Kind, gezeugt in geheimem Ehebund mit einem, der im Range tief unter ihr stand, einem Fremden, flüsterten viele, der durch den wunderbaren Zauber seines Saitenspieles die Liebe der jungen Fürstin zwang, während wieder andere von einem Künstler aus Rimini munkelten, dem die Prinzessin viel, vielleicht zu viel Ehre erzeigt hatte, und der plötzlich aus der Stadt verschwunden war, sein Werk im Dome unvollendet lassend: – So hatte man ihn, als er eben erst eine Woche alt war, von der Seite seiner Mutter nächtlich weggestohlen, während sie im Schlummer lag, und ihn einem gemeinen Bauer und dessen Weibe in Obhut übergeben, die beide ohne eigene Kinder waren und in einem entlegenen Teil des Waldes lebten, der mehr als einen Tagritt von der Stadt entfernt war.

Gram oder die Pest, wie der Hofarzt feststellte, oder ein schnelles italienisches Gift, wie manche rieten, in einem Becher gewürzten Weines dargereicht, mordete noch in der Stunde des Erwachens das bleiche Mädchen, das ihn geboren hatte. Und als der treue Bote, der das Kind auf seiner Satteldecke davontrug, von seinem müden Hengste stieg und an die plumpe Pforte der Hirtenhütte pochte, wurde der Prinzessin Leib in ein frischgeschaufeltes Grab gesenkt, das man auf einem öden Kirchhof außerhalb des Stadttores gegraben hatte. Ein Grab, worin, wie man raunte, schon ein anderer Leichnam lag, der eines jungen Mannes von wundersamer, fremdartiger Schönheit, dessen Hände mit einem knotigen Seile auf den Rücken gebunden waren und dem die Brust von vielen roten Wunden blutete.

So lautete wenigstens die Geschichte, die das Volk einander flüsternd anvertraute. Sicher aber war es, dass der alte König auf dem Sterbebette (sei es, dass ihn seine große Sünde reute oder sei es auch nur, weil er nicht wollte, dass das Königreich an einen falle, der nicht seines Stammes war), eilends nach dem Knaben gesandt hatte und ihn im Angesicht des Rates seinen Erben nannte.

Und es scheint, dass sich in dem Jüngling vom ersten Augenblick seiner Anerkennung an die seltsame Schönheitstrunkenheit offenbarte, die späterhin so großen Einfluss auf sein Leben ausüben sollte. Sie, die ihn durch die Flucht der Gemächer geleiteten, die man für ihn bereit gestellt hatte, wussten viel von dem Schrei der Lust zu erzählen, der über seine Lippen brach, wenn er des kostbaren Geschmeides und der reichen Prachtgewänder ansichtig wurde, die er von nun an tragen sollte, und von der ausgelassenen, fast wilden Freude, mit der er sein raues Lederkoller und seinen grobzottigen Schafwollmantel von sich schleuderte. Manchmal freilich vermisste er die goldene Waldesfreiheit, und dann war er stets geneigt, über die mühseligen Förmlichkeiten zu schelten, die einen so großen Teil des Tages bei Hofe in Anspruch nahmen. Der herrliche Palast jedoch (Joyeuse nannte man ihn), dessen Herr und Besitzer er nun war, schien ihm gleich einer nur zu seiner Lust und Wonne erschaffenen Welt. Und so oft er nur einer Ratsverhandlung oder einer Sitzung im Audienzsaale entfliehen konnte, flüchtete er hastigen Laufes die breite Treppe hinab mit ihren Löwen aus goldenem Erze und ihren Stufen aus hellem Porphyr und schritt von Raum zu Raum, von Gang zu Gang, wie einer, der in Schönheit Linderung für Schmerz, Genesung aus Krankheit sucht.

Auf diesen Entdeckungsreisen, wie er sie gerne nannte (und es waren für ihn tatsächlich Reisen durch ein wahres Wunderland), begleiteten ihn oft die schmalhüftigen, blondhaarigen Pagen des Hofes in ihren weiten Mänteln mit dem lustig flatternden Bänderschmucke. Noch öfter aber blieb er allein. Doch ein ihn blitzartig durchzuckender Instinkt, einer Eingebung vergleichbar, verriet ihm regelmäßig, dass sich die Geheimnisse der Kunst am besten insgeheim erlernen, und dass die Schönheit, wie ja auch die Weisheit, ihre Knechte einsam um sich haben will.

Gar manche seltsame Geschichte ging um diese Zeit von Mund zu Mund. Man erzählte, wie ein behäbiger Bürgermeister, der gekommen war, eine wortreich ausgeschmückte und gezierte Anrede im Namen der Bürger der Stadt zu halten, wie ihn dieser auf den Knien vor einem großen Bild tief in Anbetung versunken gefunden hatte, vor einem herrlichen Gemälde, das soeben aus Venedig angekommen war und einen Dienst und Kultus für neue Götter zu künden schien. Bei anderer Gelegenheit hatte man ihn viele Stunden hindurch ängstlich vermisst und ihn erst nach langer Suche in einem kleinen Gemach in einem der nördlichen Türme des Schlosses entdeckt, wie er gleich einem, den Verzückung in Banden hält, auf eine griechische Gemme starrte, in die eine entzückende Adonisgestalt geschnitten war. Man hatte gesehen, dies wusste das Gerücht, wie er die heißen Lippen auf die Marmorschläfe einer alten Statue drückte, die man im Strombette gelegentlich des Baues der steinernen Brücke ausgegraben hatte, und die als Inschrift den Namen des bythinischen Sklaven des Hadrian trug. Und er hatte eine ganze lange Nacht damit zugebracht, die Wirkung des bläulich fahlen Mondlichtes auf ein Silberbildnis des Endymion zu belauschen.

Alles, was da seltsam und kostbar war, übte einen großen Zauber auf ihn aus, und im Eifer, sich den Besitz zu sichern, hatte er viele Kaufleute nach allen Himmelsrichtungen ausgesandt: einige, um mit dem rauen Fischervolk der Nordmeere um Bernstein zu feilschen, einige nach Ägypten, um jene grüne Wundertürkisen ausfindig zu machen, die man nur in Königsgräbern findet und die Zauberkraft besitzen sollen, wieder andere nach Persien, um seidene Teppiche und bemaltes Tongeschirr zu erstehen, und manche endlich sogar nach Indien, um Schleiergewebe zu kaufen und getöntes Elfenbein, Mondstein und Armgeschmeide aus Nephrit, Sandelholz und blaues Email und Tücher von allerfeinstem Wollgewebe.

Was ihn jedoch am meisten beschäftigte, war sein Krönungsgewand, das goldgewobene Gewand, und die rubinbesetzte Krone und das Zepter mit feinen Perlenreihen und Perlenreifen. An diese dachte er auch jetzt, zur Nachtzeit,

als er zurückgelehnt auf seinem üppig weichen Lager ruhte
und dem großen Tannenscheite zusah, das sich im offenen
Feuer des Herdes knisternd zu glühender Asche verzehr-
te. Zeichnungen, die die Hände der berühmtesten Künstler
der Zeit dafür entworfen hatten, waren ihm vor schon vielen Monaten vorgelegt worden, und er hatte Befehl erteilt,
dass die Schar der Handwerker Tag und Nacht an ihrer
Ausführung schaffen, und dass Hunderte von Leuten die
ganze Welt durchsuchen sollten nach Juwelen, die ihrer Arbeit würdig wären. Er sah sich im Geiste bereits umwogt
vom strahlenden Krönungsgewand vor dem Hochaltar des
Domes stehen. Und ein Lächeln spielte um seinen jungen
Knabenmund, verweilte dort und zündete helle Flammen in
seinen dunkeln Waldlandsaugen an.

Nach einiger Zeit erhob er sich und stand nun gegen die
geschnitzte Blendung des Kamins gelehnt da, und blickte
sinnend in dem matterleuchteten Gemach umher. Die Wände waren mit reichen Stickereien bekleidet, die den Triumph
der Schönheit darstellten. Die eine Ecke füllte ein hoher
Schrank aus, der mit Achat und Lapislazuli ausgelegt war,
und dem Fenster gegenüber stand ein eigentümlich gearbei-
tetes Kästchen mit lackierten Holzflügeln, goldbestäubt und
goldgeschmückt, darauf dünnglasige Venezianer Schalen
und ein Becher aus dunkelgeädertem Onyx ruhten.

Blasse Mohnblüten waren von geschickten Nadeln auf
die Seidendecke des Bettes wie hingestreut worden, als wären sie den müden Händen des Schlafes entfallen, und hohe
Stäbe gekehlten Elfenbeins hoben den samtenen Baldachin,
auf dem gleich weißem Wogenschaume große duftige Büschel von Straußfedern ragten, zu den bleichen Silberreliefs
der Decke empor. Ein lachender Narziss aus grüner Bronze
hielt einen geschliffenen Spiegel über seinem Haupte, und
auf dem Tische stand eine flache Schüssel aus Amethyst.

Draußen vor dem Fenster konnte er die Riesenkuppel des Domes sehen, die wie ein dunkelndes Gestirn über den schatteneingehüllten Häusern ragte, und die müden Wachen, die auf der nebelumflorten Terrasse am Strome auf und nieder schritten. Fern, irgendwo in einem Garten schlug eine Nachtigall. Leiser Jasmingeruch drang durch das offene Fenster herein. Er strich die braunen Locken aus der Stirn zurück und griff dann zu einer Laute, über deren Saiten er die Finger gleiten ließ. Seine schweren Lider senkten sich und eine seltsame Müdigkeit überkam ihn. Nie zuvor hatte er mit allen Fibern, noch nie so voll tiefer Freude den Zauber und das Geheimnis der Schönheit auf sich einwirken gefühlt.

Als die Mitternachtsstunde vom Turme schlug, berührte er eine Glocke und seine Pagen traten ein und entkleideten ihn mit umständlicher Förmlichkeit, gössen ihm duftendes Rosenwasser über die Hände und streuten reichlich Blumen über die Kissen hin. Wenige Augenblicke darauf hatten sie das Gemach verlassen, und er schlief ein.

2.

Und wie er so schlief, träumte er einen Traum. Und dies war sein Traum:

Es war ihm, er stünde in einer schmalen niedrigen Dachkammer inmitten sausender, klappernder Webstühle. Das kümmerliche Tageslicht schlich durch das vergitterte Fenster und zeigte ihm die abgemagerten Gestalten der Weber, die sich über ihre Nahmen beugten. Blasse, kränklich aussehende Kinder kauerten auf den schweren Balken. Wenn die Webschiffchen durch den Einschlag schossen, hob sich das Richtscheit auf, und wenn die Schiffchen aussetzten, ließen sie das Richtscheit wieder herabfallen und pressten die Fäden aneinander. Die Gesichter der Leute waren hungerverzerrt und ihre dünnen Arme und Hände schlotterten in den Gelenken. An einem Tische hockten abgemagerte Weiber und säumten an Stoffen. Ein beklemmender Geruch erfüllte den Raum, und die Luft war dick und fäulnisschwanger und von den Wänden sickerte es in nassen Tropfen hernieder.

Der junge König trat zu einem Weber, stellte sich neben ihn und sah ihm zu.

Und der Weber blickte ihn gehässig an und sprach: »Was siehst du mir denn so zu? Bist du ein Kundschafter, den unser Herr über uns gesetzt hat?«

»Wer ist dein Herr?«, fragte der junge König.

»Unser Herr?«, rief der Weber bitteren Tones. »Er ist ein Mensch wie ich. Wahrhaftig, nur ein kleiner Unterschied besteht zwischen ihm und mir: Er trägt schöne Kleider, während ich in Lumpen laufe, und er leidet nicht weniger durch Völlerei, als ich schwach vor Hunger bin.«

»Das Land ist frei«, sprach der junge König, »und du bist keines Menschen Knecht.«

»Im Kriege«, erwiderte der Weber, »macht sich der Starke den Schwachen zum Knecht, und im Frieden macht sich der Reiche den Armen zum Knecht. Wir müssen arbeiten, um zu leben; sie aber geben uns einen Schandlohn, sodass wir rein sterben müssen. Wir frönen für sie von früh bis spät, und sie häufen Gold an in ihren Truhen. Unsere Kinder welken vor der Zeit dahin. Und die Gesichter derer, die wir lieben, werden hart und ingrimmig. Unsere Füße keltern die Trauben und ein anderer schlürft den Wein. Wir säen das Korn, aber unsere Speicher bleiben leer. Wir tragen Ketten, obgleich sie kein Auge sieht, und wir sind Knechte, obgleich man uns Freie schimpft.«

»Ist dem wirklich so?«, fragte der König.

»Alldem ist wirklich so«, entgegnete der Weber. »Bei den Jungen ist's so und bei den Alten, bei den Frauen und bei den Männern, bei den kleinen Kindern wie bei jenen, die das Alter lahm gemacht hat. Die Krämer zermürben uns und wir vermögen nichts dagegen auszurichten: Wir müssen tun, was sie uns gebieten. Der Priester reitet vorüber und betet seinen Rosenkranz. Für uns aber sorgt kein Sterblicher. Durch unsere sonnenlosen Gassen schleppt sich die Armut mit glanzlos stieren Hungeraugen und ihr auf dem Fuße folgt die Sünde mit verquollenem Angesichte. Frühmorgens macht uns das Elend munter und nachts sitzt die Schande an unserem Bett. Doch was soll dir all dies? Du bist keiner von den Unseren. Aus deinen Zügen strahlt zu viel Glück.«

Und mürrisch wandte er sich ab und warf das Schiffchen durch den Webstuhl, und der junge König sah, dass es einen Goldfaden nach sich zog.

Und ihn befiel tiefes Entsetzen und er sprach zum Weber: »Welch Gewand webest du da?«

»Das Krönungsgewand des jungen Königs«, erwiderte jener. »Doch was kümmert das dich?«

Und der junge König stieß einen lauten Schrei aus und erwachte und siehe: Er war in seinem eigenen Gemach, und durch das Fenster sah er den großen Mond wie eine honigfarbene Laterne in den Lüften hängen.

3.

Und wieder fiel er in Schlaf und träumte. Und dies war sein Traum:

Ihm war, als läge er auf dem Deck einer großen Galeere, die Hunderte von Sklaven dahinruderten. Auf einem Teppich, ihm zur Seite, saß der Besitzer der Galeere. Er war schwarz anzusehen wie Ebenholz, und sein Turban war aus knallroter Seide. Breite Silberringe hingen schwer in seinen dicken Ohrlappen und zogen sie förmlich nieder, und in den Händen hielt er zwei elfenbeinerne Waagschalen.

Die Sklaven waren alle nackt bis auf einen zerlumpten Lendenschurz, und jeder Mann war an seinen Nachbar angekettet. Heiße Sonnengluten brannten auf sie nieder, und die Neger liefen das Fallreep auf und ab und peitschten ihre Rücken mit schneidend harten Riemen. Sie streckten die mageren Arme aus und zogen die plumpen Ruder durch die Wassermassen, sodass die salzige Gischt hoch aufspritzte.

Endlich erreichten sie eine kleine Bucht und fingen an zu loten. Ein leichter Wind blies vom Lande herüber und hüllte Deck und Raasegel in eine Wolke feinen, roten Staubes. Drei Araber kamen auf wilden Mauleseln angesprengt und schleuderten ihre Speere nach ihnen. Der Besitzer der Galeere griff aber nach einem bunten Bogen und schoss einem von ihnen durch die Kehle, sodass er schwer vornüber in die Brandung stürzte, worauf seine Gefährten davon galoppierten. Ein in gelbe Schleier gehülltes Weib folgte langsam auf einem Kamele sitzend und blickte von Zeit zu Zeit nach dem Leichnam zurück.

Sobald sie Anker geworfen und das Segel gerafft hatten, stiegen die Neger in den Kielraum und holten eine lange Strickleiter herauf, die mit starken Bleigewichten beschwert war. Der Besitzer der Galeere warf sie über Bord und befestigte die beiden Enden an zwei eisernen Haken. Dann ergriffen die Neger den jüngsten der Sklaven. Sie schlugen seine Fesseln entzwei, füllten ihm Nasenlöcher und Ohren mit Wachs und banden einen großen Stein um seine Hüften. Müde kroch er die Leiter hinab und verschwand im Meere. Einzelne Luftblasen stiegen quirlend da auf, wo er versunken war, und etliche der anderen Sklaven spähten neugierig über Bord. Vorne, am Bug der Galeere, saß ein Haifischbe-schwörer und wirbelte eintönig auf seiner Trommel.

Nach einiger Zeit stieg der Taucher wieder aus den Tiefen empor und klammerte sich schwer keuchend an der Leiter an: Seine Rechte hielt eine Perle. Die Neger entrissen sie ihm und schleuderten ihn ins Meer zurück. Die Sklaven schliefen indessen über ihren Rudern ein.

Wieder und wieder tauchte der andere auf. Und so oft er sich zeigte, brachte er eine schöne Perle mit sich nach oben. Der Besitzer der Galeere wog sie und steckte sie alle in einen kleinen grünen Ledersack.

Der junge König versuchte zu sprechen, aber die Zunge klebte ihm am Gaumen fest und seine Lippen versagten den Dienst. Die Neger schwatzten miteinander und fingen an, sich um eine Schnur leuchtender Perlen zu streiten. Zwei Kraniche umkreisten dabei unablässig das Schiff.

Zum letzten Mal kam der Taucher nach oben, und die Perle, die er jetzt mitbrachte, war schöner anzusehen als die Perlen des Ormuz. Denn sie war an Form dem Vollmond gleich und bleicher und weißer als der Morgenstern. Ein Zittern rann noch durch seine Glieder und dann lag er still da. Die Neger zuckten die Schultern und warfen den Körper über Bord.

Und der Besitzer der Galeere lachte, streckte die Hand nach der Perle aus, und als er sie betrachtet hatte, drückte er sie an seine Stirne und neigte sich tief. »Sie soll«, sprach er, »für das Zepter des jungen Königs sein«, und er gab den Negern ein Zeichen die Anker zu lichten.

Und da dies der junge König vernahm, stieß er einen lauten Schrei aus und erwachte, und sah durch das Fenster die langen grauen Finger der Dämmerung nach den erbleichenden Sternen greifen.

4.

Und wieder fiel er in Schlaf und träumte. Und dies war sein Traum:

Ihm war, als wanderte er durch einen düsteren Wald, worin seltsame Früchte wuchsen und schöne, giftige Blumen. Nattern züngelten nach ihm, wo er vorüberging, und bunte Papageien flatterten kreischend von Ast zu Ast. Träge Riesenschildkröten schliefen im heißen Schlamme und die Bäume waren von Affen und schillernden Pfauen übervölkert.

Weiter und weiter ging er, bis er den Waldsaum erreichte. Dort ward er einer ungeheuren Menschenmenge ansichtig, die im Bette eines vertrockneten Stromes Frondienste tat. Wie Ameisen kribbelten und tummelten sie sich um die Felsblöcke herum. Sie stachen tiefe Gruben im Boden aus und stiegen darin hinab. Einige von ihnen zersprengten die steinigen Massen mit großen Äxten, andere wühlten im Sande. Sie rissen den Kaktus mit der Wurzel aus und zertraten die Scharlachblüten. Sie eilten sämtlich hin und her, schrien einander zu und keiner ging müßig.

Aus dem Dunkel einer Höhle spähten Tod und Habsucht nach ihnen und der Tod sprach zur Habsucht: »Ich bin müde. Gib mir ein Drittel von ihnen, so will ich meines Weges ziehen.«

Die Habsucht aber schüttelte das Haupt und entgegnete: »Es sind meine Knechte.« Und der Tod sprach zu ihr: »Was hältst du da in deinen Händen?«

»Drei Getreidekörner halte ich da in meinen Händen«, entgegnete sie, »was aber geht das dich an?«

»Gib mir eines davon!«, rief der Tod. »Ich will es in meinen Garten pflanzen. Nur eines gib mir, und dann will ich meines Weges gehen.«

»Gar nichts will ich dir geben«, sprach die Habsucht und verbarg die geizige Hand in den Falten ihres Gewandes.

Und der Tod lachte, und nahm eine Schale und tauchte sie in einen Wassertümpel. Und aus der Schale stieg das Sumpffieber auf. Es lief durch die große Menschenmenge und der dritte Teil von allem Leben lag tot. Ein kalter Nebel folgte darauf und die Wasserschlange lief neben ihm daher.

Und als die Habsucht sah, dass der dritte Teil der Menge tot war, schlug sie sich an die Brust und heulte. Sie schlug ihre trockenen Brüste und schrie laut:

»Du hast den dritten Teil aller meiner Knechte gemordet, hebe dich nun von hinnen! In den Bergen der Tartarei wütet der Krieg und die Könige beider Parteien rufen dich. Die Afghanen haben die schwarzen Ochsen gefällt und ziehen aus in den Streit. Mit ihren Speeren haben sie dröhnend auf die Schilde geschlagen und ihre Eisenhelme aufgestülpt. Was gilt dir mein Tal, dass du hier verweilen solltest? Hebe dich von hinnen und kehre nicht wieder hierher zurück!«

»Nimmermehr«, entgegnete der Tod, »ich gehe nicht eher bis du mir eines deiner Getreidekörner gegeben hast.« Aber die Habsucht schüttelte den Kopf und knirschte wütend mit den Zähnen. »Nichts will ich dir geben«, murmelte sie, »gar nichts!«

Und der Tod lachte und nahm einen schwarzen Stein vom Boden auf und schleuderte ihn tief in den Wald hinein, und aus dem Dickicht wilden Schierlings kam die Tollwut in einem purpurflammenden Kleide und glitt durch die Menschenmenge dahin und berührte sie, und jedermann starb, den sie berührte. Das Gras vertrocknete unter ihren Füßen, wo sie lautlos darüber hinglitt.

Und die Habsucht erschauerte und streute Asche auf ihr Haupt. »Du bist grausam«, rief sie, »du bist grausam. In den mauerumgürteten Städten Indiens herrscht Hungersnot und die Zisternen von Samarkand sind vertrocknet; Hungersnot herrscht in den mauerumgürteten Städten Ägyptens und die Heuschrecken sind in Schwärmen aus der Wüste eingefallen. Der Nil hat seine Ufer nicht befruchtet und die Priester haben der Isis und dem Osiris geflucht. Hebe dich fort von hier und hin zu jenen, die nach dir dürsten, und lass mir meine Knechte am Leben.«

»Nimmermehr«, entgegnete der Tod grinsend, »ich will nicht eher gehen, bis du mir ein Getreidekorn gegeben hast.« – »Nichts will ich dir geben«, entgegnete die Habsucht, »gar nichts.«

Und wieder lachte der Tod, und pfiff durch die Finger und ein Weib kam durch die Lüfte geflogen. »Pest« stand auf ihrer Stirn geschrieben und eine Schar fleischloser Geier umkreiste sie, die das Tal mit ihren Schwingen deckten, sodass kein Sterblicher am Leben blieb.

Und die Habsucht floh schreiend durch den Wald davon. Der Tod aber sprang auf sein rotes Roß und sprengte von hinnen. Sein Ritt brauste schneller als des Windes Wehen.

Und aus dem Schlamm im Kessel des Tales krochen hervor Drachen und fürchterliche schuppige Tiere, und Schakale kamen über den Sand gelaufen und witterten mit gierigen Nüstern nach rechts und links.

Und der junge König schluchzte und sprach: »Wer waren jene Männer und wonach suchten sie?«

»Sie suchten nach Rubinen für eines Königs Krone«, antwortete einer, der hinter ihm stand. Und der junge König erschrak und wandte sich um. Da sah er einen Mann, der wie ein Pilger gekleidet war und einen Silberspiegel in Händen trug. Und er erbleichte und sprach: »Welches Königs?« Da antwortete der Pilger: »Blick in diesen Spiegel und du wirst ihn sehen.«

Und er blickte in den Spiegel und sah sein eigenes Antlitz. Da schrie er laut auf und erwachte. Das helle Sonnenlicht strömte in das Gemach. Und auf den Bäumen im Garten und über den lauschigen Verstecken sangen die Vögel.

5.

Und der Kämmerer und die Würdenträger des Staates traten ein und huldigten ihm. Und die Pagen brachten ihm das Gewand aus Goldgewebe und legten Krone und Zepter vor ihn hin.

Und der junge König blickte die Kleinodien an. Und sie waren schön anzuschauen. Schöner waren sie als irgendein Ding, das er je gesehen hatte. Aber er entsann sich seiner Träume und sprach ernst zu seinen Großen: »Nehmt diese Dinge fort, denn ich will sie nicht tragen.«

Aber die Höflinge staunten und einige lachten, denn sie vermeinten, er scherze.

Doch er sprach nochmals tiefernst zu ihnen und sagte: »Nehmt diese Dinge weg und versteckt sie vor mir. Wenn dies auch der Tag meiner Krönung ist, so will ich sie doch nicht tragen. Denn auf dem Webstuhl der Sorge und von den bleichen Händen der Not ist dieses mein Gewand gewoben worden. Blut klebt im Herzen des Rubins und Tod im Herzen der Perle.« Und er erzählte ihnen seine drei Träume.

Und als die Höflinge die Träume hörten, blickten sie einander an und flüsterten und sagten: »Wahrlich, er ist wahnsinnig geworden! Denn, was ist ein Traum wohl anderes als ein Traum, und ein Gesicht mehr als ein Gesicht? Sie sind nicht Dinge der Wirklichkeit, auf die man achten musste? Was auch haben wir mit dem Leben jener zu schaffen, die für uns frönen? Soll ein Mensch nicht Brot genießen, ehe er den Sämann sah, noch Wein schlürfen, bevor er den Winzer befragte?«

Und der Kanzler sprach zum jungen Könige und sagte: »Herr, ich bitte dich, lass ab von all den düsteren Gedanken, und kleide dich in dieses prächtige Gewand und setze diese schimmernde Krone auf dein Haupt. Denn wie soll das Volk wohl wissen, dass du sein König bist, wenn du nicht eines Königs Kleid und Würden trägst?«

Und der junge König blickte ihn an. »Ist dem wirklich so?«, fragte er. »Werden sie mich nicht als ihren König anerkennen, solange ich nicht eines Königs Kleid trage?«

»Sie werden dich nicht erkennen, Herr!«, rief der Kanzler.

»Ich wähnte, es habe Männer gegeben, deren Augen wie die eines Königs blickten«, entgegnete er. »Doch vielleicht ist es so, wie du sprichst. Aber dennoch will ich dies Gewand nicht tragen, noch mag ich mich mit dieser Krone krönen lassen. Nein, genau so wie ich einzog in das Schloss, will ich aus ihm wiederum hervorgehen.«

Und er hieß alle ihn zu verlassen, einen Pagen ausgenommen, den er wie seinen Freund hielt, einen Knaben, der ein Jahr jünger war als er selbst. Diesen nur behielt er zu seiner Bedienung bei sich. Und als er sich im klaren Wasser gebadet hatte, öffnete er eine große bemalte Truhe und nahm daraus das Lederwams und den großen Schaffellmantel, die er getragen hatte, zur Zeit, als er noch am Hügelhange des Hirten zottige Ziegen hütete. Die legte er an, und in die Hand nahm er den kunstlosen Hirtenstab.

Und der kleine Page öffnete die großen blauen Augen weit, des Staunens voll, und sprach lächelnd zu ihm: »Herr und Gebieter, wohl sehe ich dein Gewand und auch dein Zepter, wo aber ist deine Krone?«

Und der junge König pflückte einen Zweig wilder Rosen, die den Altan umschlangen, und bog ihn sich zum Reif und drückte ihn sich aufs blonde Haupt.

»Dies soll meine Krone sein«, erwiderte er.

Und also angetan trat er aus seinen Gemächern in die offene Halle hinaus, wo die Edelleute seiner harrten.

Und die Edelleute spotteten und etliche riefen ihm zu: »Herr, das Volk harrt eines Königs, und du sendest ihm einen Bettelmann.« Und andere waren voller Entrüstung und sprachen: »Er bringt Schande über unser Land, und er ist nicht würdig unser Herr zu sein.« Er aber erwiderte nicht ein einziges Wort, sondern schritt an ihnen vorüber und stieg die helle Treppe aus schimmerndem Porphyr hinab und ging hinaus durch die erzenen Tore, und bestieg sein Pferd und sprengte dem Dome zu, während ihm der kleine Page zur Seite lief.

Und das Volk lachte und schrie: »Da reitet der Narr des Königs vorbei!« Und sie verhöhnten ihn.

Und er zog die Zügel an und sprach: »Nicht doch, ich bin es, euer König !« Und er erzählte ihnen seine drei Träume.

Ein Mann aber trat aus der Menge hervor, dessen Antlitz voll Bitterkeit schien und sagte: »Herr, weißt du nicht, dass das Leben des Armen aus dem Überflusse des Reichen strömt? Euer Prunk nährt uns, und eure Laster geben uns Brot. Für den harten Herrn zu frönen, ist bitter; noch bitterer aber ist es, keinen Herrn zu haben, für den man frönen darf. Meinst du etwa, dass uns die Raben speisen werden? Und welche Abhilfe willst du dem Lauf der Welt bringen? Willst du dem Käufer gebieten: Du sollst für so und so viel kaufen, und dem Verkäufer: Du sollst zu diesem Preis verkaufen? – Ich meine, nein. Darum reite zurück in dein Schloss und kleide dich in Purpur und feines Linnen. Was hast du mit uns zu schaffen, die wir leiden?«

»Sind nicht die Reichen und die Armen Brüder?«, fragte der junge König.

»Seit jeher sind sie Brüder«, entgegnete der Mann. »Und der Name des reichen Bruders ist Kain.«

Da füllten sich die Augen des jungen Königs mit Tränen und er ritt vorwärts, vom Murren des Volkes begleitet. Und den kleinen Pagen ergriff Angst und er verließ ihn.

6.

Und als er vor die breite Türe des Domes kam, streckten die Kriegsleute die Hellebarden vor und sprachen: »Was suchst du hier? Keiner tritt durch diese Tür ein, es sei denn der König.«

Und sein Angesicht rötete sich vor Zorn und er sprach zu ihnen: »Ich bin euer König«, und stieß die Hellebarden zur Seite und schritt hinein.

Und wie ihn der alte Bischof in seinem Hirtenkleide kommen sah, erhob er sich verwundert von seinem Throne, schritt ihm entgegen und sprach zu ihm: »Mein Sohn, ist dies eines Königs Gewandung? Wo ist die Krone, mit der ich dich krönen, und das Zepter, mit dem ich deine Hand belehnen soll? Wahrlich, dieser Tag sollte für dich ein Tag der Freude sein und nicht ein Tag der Erniedrigung.«

»Soll sich die Freude in das Gespinst des Leides kleiden?«, fragte der junge König. Und er erzählte seine drei Träume.

Und da sie der Bischof vernommen hatte, zogen sich seine Brauen zusammen und er sprach: »Mein Sohn, ich bin ein alter Mann und stehe im Winter meiner Tage und ich weiß, dass in der weiten Welt viel üble Dinge geschehen. Trotzige Räuber steigen von den Bergen nieder und tragen die Kindlein davon und verkaufen sie den Mauren. Löwen kauern und spähen nach den Karawanen aus und stürzen sich auf die Kamele. Wilde Eber entwurzeln das Korn im Tale, und Füchse benagen den Wein auf den Hügeln. Seeräuber verwüsten die Küsten, und verbrennen dem Fischer die Schiffe und rauben ihm die Netze. In den salzigen Sümpfen leben

Aussätzige; ihre Häuser sind aus geflochtenem Rohr und keiner darf ihnen nahen. Bettler schleichen durch die Stadt und würgen ihr schimmliges Brot mit den Hunden hinunter. Kannst du denn all dies ungeschehen machen? Willst du den Aussätzigen zu deinem Bettgenoss erwählen und den Bettler an deiner Tafel sitzen lassen? Soll der Löwe tun, wie du befiehlst, und sollen dir die wilden Eber gehorchen? Ist er, der das Elend schuf, nicht weiser als du? Darum rühme dich nicht um dessentwillen, was du getan hast. Nein, ich befehle dir, in das Schloss zurückzureiten und Freude über dein Angesicht auszugießen und deinen Leib mit der Gewandung zu kleiden, die einem König ziemt. Und mit der goldenen Krone will ich dich krönen und das Perlenzepter will ich dir in die Hände legen. Deiner Träume aber gedenke nicht mehr. Die Not dieser Welt ist zu groß, als dass sie ein Mann tragen könnte, und der Kummer der Welt ist zu schwer, als dass ein Herz ihn leide.«

»Sprichst du so in diesem Hause?«, fragte der junge König und schritt am Bischofe vorbei und schritt die Stufen des Altars hinan und stand vor dem Bilde Christi.

Er stand vor dem Bilde Christi; und zu seiner rechten Hand und zu seiner linken Hand standen die herrlich getriebenen Goldgefäße, und die edelsteinbesetzten Kelche voll gelben Weines und die Phiolen, angefüllt mit dem heiligen Öle. Er kniete nieder vor dem Bilde Christi und die hohen Kerzen brannten hell vor dem mit funkelnden Juwelen ausgelegten Schreine und die duftenden Wolken des Weihrauches ringelten sich in schmalen blauen Kränzen zitternd durch den Dom. Er neigte das Haupt im Gebete und die Priester in ihren steifen Goldgewändern schlichen vom Altare fort.

Und plötzlich ertönte ein wildes Lärmen von der Straße her, und herein stürzten die Edelleute mit gezückten

Schwertern und wehendem Federschmuck und mit Schilden aus blinkendem Stahl. »Wo ist dieser Träume Träumer?«, riefen sie. »Wo ist dieser König, der wie ein Bettelmann einhergeht? Dieser Knabe, der Schmach über unser Land bringt? Wir wollen ihn töten. Denn wahrlich, er ist nicht würdig, über uns zu herrschen.«

Und wieder beugte der König das Haupt und betete. Und da er sein Gebet beendet hatte, stand er auf und wandte sich um und blickte sie alle traurig an.

Und siehe: Durch die gemalten Fenster strömte das Sonnenlicht auf ihn herab, und die Sonnenstrahlen wanden um ihn ein Prunkgewebe, weit herrlicher als das Gewand, das zu seiner Lust und Freude angefertigt ward, und der tote Stab erblühte in seiner Hand und trug Lilien, die weißer als Perlen waren. Der trockene Dorn erblühte und trug Rosen, die röter als Rubine waren. Weißer als edle Perlen waren die Lilien, und ihre Stiele waren von lichtem Silber. Roter als Blutrubinen waren die Rosen, und ihre Blätter glitzerten aus getriebenem Golde. Er stand da in eines Königs Gewand und es war, als erfülle Gottes Herrlichkeit den Raum. Und die Heiligen schienen sich in den geschnitzten Nischen zu bewegen. Im Prunkgewande eines Königs stand er vor ihnen, und der Orgel entströmten Melodien, und die Trompeter bliesen auf ihren Trompeten, und die Chorknaben sangen.

Das Volk aber fiel vor andächtiger Scheu in die Knie, und die Edelleute bargen die Schwerter in ihren Scheiden und huldigten ihm. Und das Angesicht des Bischofs wurde bleich und seine Hand erzitterte: »Ein Größerer als ich hat dich gekrönt!«, rief er und er kniete vor ihm nieder.

Und der junge König stieg die Stufen des Hochaltars herab und schritt heimwärts, mitten dahin durch die Menge. Kein Sterblicher aber wagte es, ihm in das Angesicht zu schauen, denn es glich dem Angesichte eines Engels.

Der Geburtstag der Infantin

1.

Es war der Geburtstag der Infantin. Zwölf Jahre war sie grade alt geworden, und die Sonne glitzerte hell auf die Gärten des Palastes hinab. War sie auch eine wirkliche Prinzessin und Infantin von Spanien, so hatte sie doch alljährlich nur einen Geburtstag, ganz wie gewöhnlicher Leute Kinder. Deshalb war es denn auch für das ganze Land eine Sache von der allerhöchsten Wichtigkeit, dass ihr hierfür ein wirklich schöner Tag beschert werde. Und ein wirklich schöner Tag war der heutige gewiss.

Die schlanken gestreiften Tulpen streckten sich kerzengerade auf ihren Stielen empor, gleich dichten Reihen von Soldaten und blickten verächtlich über den Nasen hinweg auf die Rosen hinunter und sprachen: »Jetzt sind wir genau so prächtig wie ihr.« Die purpurfarbenen Schmetterlinge schwirrten auf goldbestaubten Flügeln umher und statteten den Blumen, einer nach der anderen, flüchtige Besuche ab. Die kleinen Eidechsen huschten aus den Mauerritzen hervor und lagen nun da, sich badend im weißen Sonnenlichte; und die Granatäpfel brachen auf und barsten unter der Glut und zeigten ihre blutendroten Herzen. Selbst die blassen, gelben Zitronen, die in solcher Fülle von dem schon morsch werdenden Geländer herab und längs dunkler Bogengänge hingen, schienen in dem flammenden Sonnenscheine farbensatter auszusehen, und die Magnolienbäume erschlossen ihre großen erdballrunden Blüten wie aus zartgespaltenem Elfenbein und schwängerten die Luft mit heißen, schweren Düften.

Das Prinzesschen selbst aber ging mit seinen Gespielen die Terrasse auf und nieder und spielte Versteck hinter den runden Vasen aus Stein und den alten moosbewachsenen

29

Statuen. An gewöhnlichen Tagen war es ihr nur erlaubt, mit Kindern ihres eigenen Ranges zu spielen, und sie musste sich daher immer und immer wieder für sich allein ihre Spiele suchen. Ihr Geburtstag aber war ein ganz besonderer Tag, und der König hatte Befehl gegeben, dass sie alle jungen Freunde und Freundinnen, die ihr lieb waren, zu sich bitten dürfe, um mit ihnen fröhlich zu sein. Es lag eine würdevolle Anmut über diesen feingliedrigen spanischen Kindern, wie sie so umherhuschten, die Knaben mit ihren breitbefederten Hüten und kurzen flatternden Mänteln, die Mädchen mit langen Gewändern aus Brokat, deren Schleppe sie rafften, und riesigen Fächern aus Schwarz und Silber, mit denen sie die Augen vor dem Sonnenlicht schützten. Doch die Anmutreichste von allen war und blieb die Infantin, in der etwas beschwerlichen Mode jener Zeit am geschmackvollsten Geschmückte. Ihre Tracht war ein grauer Atlas. Der Nock und die weitgebauschten Ärmel waren mit schwerer und erhabener Silberstickerei besetzt und das steife Mieder strotzte von Reihen schöner Perlen. Zwei winzige Pantöffelchen mit großen, rosenfarbenen Rosetten lugten unter ihrem Kleide bei jedem Schritte neugierig lustig hervor. Rosenfarbig und perlgrau war ihr mächtiger Gazefächer, und eine schöne weiße Rose trug sie in ihrem Haare, das wie ein starrer Glorienkranz verblichenen Goldes rund um ihr blasses Gesichtchen stand.

Aus einem Fenster des Palastes sah der tieftraurige, schwermutvolle König den Kindern zu. Hinter ihm stand sein Bruder, Don Pedro von Aragonien, den er hasste; sein Beichtvater, der Großinquisitor von Spanien, saß neben ihm. Trauriger noch als sonst war heute der König. Denn wie er so auf die Infantin niedersah, die sich bald mit kindlicher Ernsthaftigkeit vor den versammelten Höflingen verneigte, bald hinter ihrem Fächer über die grimmige Herzogin von Albuquerque lachte, von der sie stets begleitet wurde, musste er der jungen

Königin gedenken und ihrer Mutter, die, wie es ihm schien, vor erst gar nicht langer Zeit aus den fröhlichen Gauen Frankreichs hierhergezogen und in der düsteren Pracht des spanischen Hofes dahingewelkt war. Genau sechs Monate nach der Geburt ihres Kindes war sie gestorben, noch ehe sie die Mandeln zum zweiten Male in den Gärten blühen sah oder des zweiten Jahres Frucht von dem alten, verkrüppelten Feigenbaume gepflückt hatte, der inmitten des nunmehr grasüberwachsenen Hofes stand. Und so groß war seine Liebe für sie gewesen, dass er nicht litt, dass sie ihm selbst das Grab verberge. Sie war von einem maurischen Arzte einbalsamiert worden, dem man zum Lohn für diesen Dienst das Leben schenkte, das, wie die Leute sagten, wegen Ketzerei und Verdachtes schwerer Zauberkünste bereits der heiligen Inquisition verfallen gewesen wäre. Und noch ruhte ihr Leichnam auf der stickereibedeckten Bahre, in der Kapelle aus schwarzem Marmor, genau so, wie ihn die Mönche hineingetragen hatten an jenem windigen Märztag vor zwölf Jahren. Einmal des Monats besuchte sie der König, in einen schwarzen Mantel gehüllt, eine verdunkelte Laterne in der Hand, kniete an ihrer Seite nieder und schluchzte: »Mi reina! Mi reina!« Und bisweilen durchbrach er den Zwang der strengen Form, die in Spanien jede einzelne Lebensäußerung beherrscht und selbst dem Grame eines Königs keine Schranken erspart. Dann umklammerte er in wilder Schmerzensraserei die blassen, juwelenbedeckten Hände und versuchte durch seine irren Küsse das kalte, bemalte Gesicht zum Leben zu erwecken.

Heute war ihm, als sähe er sie wieder, wie er sie zum ersten Male im Schloss zu Fontainebleau gesehen hatte, damals, als er selbst erst fünfzehn Jahre alt und sie noch jünger war. Sie waren bei jener Gelegenheit durch den päpstlichen Nuntius in Gegenwart des französischen Königs und des ganzen Hofstaates einander feierlich anverlobt worden, und er war in den Eskurial zurückgekehrt, mit einer kleinen Locke gelben Haares und der Erinnerung an zwei kindliche Lippen, die sich niederbeugten, seine Hand zu küssen, als er in den Wagen stieg.

Später folgte dann die Hochzeit, die man hastig in Burgos, einer kleinen, zwischen den zwei Ländern gelegenen Grenzstadt vollzog, und daran schloss sich der große, öffentliche, feierliche Einzug in Madrid, mit der üblichen Abhaltung der Hofmesse in der Kirche La Atocha, und ein außergewöhnlich prächtiges Autodafé, zu dem die Geistlichkeit an nahezu dreihundert Ketzer der weltlichen Gerichtsamkeit zur Verbrennung beigesteuert hatte, unter denen sich auch viele Engländer befanden.

Wahrlich, er hatte sie wild geliebt und, wie viele dachten, zum Verderben seines Landes, das damals mit England um den Besitz der Herrschaft über die neue Welt im Kriege lag. Kaum hatte er ihr jemals gestattet, sich von seinem Angesichte zu entfernen. Ob ihres Liebreizes hatte er der Sorge aller ernsthaften Staatsgeschäfte vergessen, wenigstens scheinbar vergessen. Und mit jener furchtbaren Blindheit, mit der die Leidenschaft ihre Knechte schlägt, war es ihm entgangen, dass die auserlesenen Zeremonien, durch die er sie erheitern wollte, nur das seltsame Leid vertieften, an dem sie krankte. Als sie nun starb, glich er eine Zeit lang einem Geisteskranken. Auch unterlag es fast keinem Zweifel, dass er beinahe öffentlich abgedankt und sich in das große Trappistenkloster Granadas zurückgezogen hätte, dessen Prior er dem Namen nach bereits war, wenn nicht die Furcht vorherrschend gewesen wäre, die ihm verbot, die kleine Infantin der Willkür seines Bruders zu überlassen, dessen Grausamkeit sogar in Spanien berüchtigt war, und den viele verdächtigten, den Tod der Königin durch ein Paar vergifteter Handschuhe bewirkt zu haben, die er ihr überreichte,

als sie auf seinem Schloss in Aragonien zu Gaste war. Selbst
nach Ablauf der drei Jahre öffentlicher Trauer, die er laut
königlichen Erlasses dem ganzen Lande vorgeschrieben hatte, duldete er niemals, dass ihm seine Minister von einem
neuen Ehebunde sprachen. Und als der Kaiser selbst zu ihm
sandte und ihm die Hand der lieblichen Erzherzogin von
Böhmen, seiner Nichte, zum Ehebündnis anbot, hieß er die
Gesandten ihrem Herrn melden: »Der König von Spanien
sei bereits dem Leide angetraut. Und sei dieses auch nur eine
unfruchtbare Braut, so liebe er sie doch mehr als alle irdische
Schönheit.« – Eine Antwort, die seiner Krone die reichen
Provinzen der Niederlande kostete, die sich kurz danach auf
Anstiften des Kaisers unter der Führerschaft einiger Fanati-
ker der reformierten Kirche gegen ihn empörten.

Sein ganzes Eheleben, mit all seiner wilden hellauflodern-
den Wonne und der furchtbaren Qual seines jähen Endes,
schien ihm an diesem Tage wiedergekehrt zu sein, wo er dem
Spiele der Infantin auf der Terrasse zusah. Ihr Wesen trug
den reizvollen Übermut zur Schau, der auch der Königin
eigentümlich gewesen war. Das war die gleiche eigenwillige
Art, den Kopf in den Nacken zu werfen, der gleiche stolzge-
schwungene, wunderliebliche Mund, das gleiche hinreißende
Lächeln: wahrlich ein vrai sourire de France, wenn sie so hin
und wieder zum Fenster aufblickte oder ihre kleine Hand
den stattlichen spanischen Granden zum Kusse hinhielt.
Aber das helle Lachen tat seinen Ohren wehe. Und das helle,
schonungslose Sonnenlicht spottete seines Grames. Und ein
dumpfer Geruch seltsamer Gewürze, wie man sie zur Über-
täubung der Verwesung benutzt, schien ihm (oder war es nur
ein Wahn?) die reine Morgenluft zu beeinträchtigen. Er verbarg sein Antlitz in den Händen, und als die Infantin wieder
einmal zu ihm emporsah, waren die Fenster verhängt und
der König hatte sich in sein Gemach zurückgezogen.

Sie rümpfte ihr Naschen mit einer Miene leichter Enttäuschung und zuckte die Achseln: Er hätte an ihrem Geburtstage doch wirklich noch ein wenig dableiben können. Was lag auch an den dummen Staatsgeschäften? Oder war er am Ende wieder in die düstere Kapelle gegangen, worin Tag und Nacht die Kerzen brannten, und die sie selber nie betreten durfte? Wie töricht das von ihm war! Wo doch die Sonne so freudig strahlte, wo doch jedermann so glücklich war! Aber dies würde er nun das Schein-Stiergefecht versäumen, zu dem schon die Trompetenfanfare einlud; von dem Puppenspiele und den anderen Herrlichkeiten gar nicht zu reden. Ihr Onkel und der Großinquisitor waren darin doch viel vernünftiger. Die waren auf die Terrasse herausgetreten und hatten ihr niedliche Schmeicheleien gesagt. Sie warf das allerliebste Köpfchen in den Nacken, ergriff Don Pedro bei der Hand und schritt bedächtig die Stufen hernieder, hin zu einem langgestreckten Pavillon aus Purpurseide, den man am Ende des Gartens errichtet hatte. Die anderen Kinder folgten in strenger Rangordnung. Die die längsten Namen hatten, hatten auch den Vorrang.

2.

Eine Reihe edler Knaben, fantastisch zu Toreadoren herausgeputzt, kam ihr entgegen, um sie zu begrüßen. Und der junge Graf von Tierra-Nueva, ein wunderhübscher Knabe von ungefähr vierzehn Jahren, der das Haupt mit der ganzen würdevollen Anmut eines geborenen Hidalgos und Granden von Spanien entblößte, führte sie feierlich hinan zu einem kleinen, vergoldeten Sessel aus Elfenbein, der auf einer Estrada über der Arena stand. Darauf nahmen die Kinder ihre Plätze im Kreise ein. Die großen Fächer in ihren kleinen Händen flatterten auf und nieder. Sie flüsterten. Don Pedro aber und der Großinquisitor standen lächelnd am Eingange. Selbst die Herzogin (man nannte sie die Kamerieramajor), eine dünne Dame mit eckigen Gesichtszügen und einer gelben Halskrause, sah minder übellaunig aus als gewöhnlich, und etwas gleich einem frostigen Lächeln huschte über ihr runzeliges Gesicht und zuckte um ihre dünnen, blutlosen Lippen.

Es war in der Tat auch ein ganz wunderbares Stiergefecht und nach der Ansicht der Infantin viel hübscher, als das wirkliche Stiergefecht, an dem man sie einmal in Sevilla gelegentlich eines Besuches teilnehmen ließ, den der Herzog von Parma ihrem Vater abgestattet hatte. Einige von den Knaben sprengten jetzt auf reichbehängten Steckenpferden in die Arena hinein, und schleuderten lange Wurfspieße, daran lustige Streifen heller Bänder flatterten. Andere kamen zu Fuße und schwangen ihre scharlachenen Mäntel dem Stier entgegen und setzten behende über die Schranken, wenn er gereizt auf sie losfuhr. Auch der Stier gebärdete sich ganz wie ein ernsthafter Stier, obgleich er nur aus Weidengeflecht und darüber ausgespannter Haut bestand, und bisweilen hartnäckig auf seinen Hinterbeinen die Runde um die Arena machte, was sich ein richtiger Stier nicht einmal im Traume einfallen ließe. Er lieferte ein prächtiges Gefecht, und die Kinder wurden so aufgeregt, dass sie auf die Bänke sprangen, mit Spitzentaschentüchern winkten und »Bravo, Toro! Bravo, Toro!« ebenso verständnisvoll riefen, als wären sie erwachsene Leute. Schließlich aber, nach einem langen Kampfe, in dem einige Steckenpferde ganz und gar durchbohrt und ihre Reiter abgeschleudert wurden, zwang der junge Graf von Tierra-Nueva den Stier auf die Knie nieder und stieß, nachdem er von der Infantin die Erlaubnis erhalten hatte, ihm den Gnadenstoß zu geben, sein Holzschwert so heftig in den Hals des Tieres, dass er ihm den Kopf vom Rumpfe trennte und das lachende Gesichtchen des kleinen

Monsieur de Lorraine sichtbar wurde, dessen Vater Frankreichs Gesandter in Madrid war.

Dann wurde die Arena unter großem Beifallslärmen geräumt, und die toten Steckenpferde von zwei maurischen Pagen in gelben und schwarzen Livreen weggeschleppt. Und nach einer kurzen Pause, über deren Leerheit ein französischer Seiltänzer auf dem straffen Seil die Zuschauer hinweghalf, traten italienische Drahtpuppen in der semi-klassischen Tragödie Sophonisbe auf der Bühne eines kleinen Theaters auf, das man zu diesem Zwecke aufgeschlagen hatte. Sie spielten so gut und ihre Gebärden waren so überaus natürlich, dass die Augen der Infantin am Schluss der Vorstellung feucht von Tränen waren. Einige der Kinder weinten so heftig, dass sie mit Süßigkeiten getröstet werden mussten. Ja, der Großinquisitor selbst fühlte sich so ergriffen, dass er Don Pedro gegenüber die Bemerkung nicht unterdrücken konnte, es erschiene ihm höchst unstatthaft, dass solche Geschöpfchen aus Holz und bemaltem Wachse, die man doch rein mechanisch an Drähten zog, so unglücklich sein und von so fürchterlichem Missgeschick betroffen werden dürften.

Danach folgte ein afrikanischer Gaukler, der einen großen, flachen, mit einem roten Tuche verdeckten Korb hereintrug und ihn inmitten der Arena niederstellte; dann zog er aus seinem Turban eine seltsame Flöte aus Rohr und blies darauf.

Da begann sich das Tuch nach wenigen Augenblicken zu regen. Und als die Flöte schriller und schriller rief, streckten zwei grün-goldig schimmernde Schlangen die seltsamen plattgedrückten Köpfe hervor, richteten sich langsam auf und wiegten sich nach den Klängen der Musik hin und her, wie sich Pflanzen auf den Wellen zu wiegen pflegen. Den Kindern aber schufen die fleckigen Köpfe und schnellzüngelnden Zungen nichts als Angst. Und sie waren erst wieder beruhigt, als der Gaukler die Tiere entfernte und dann einen winzigen Orangenbaum aus dem Sande hervorwachsen ließ, der hübsche weiße Blüten trug und gleichzeitig schon Büschel wirklicher Früchte. Und als er den Fächer der kleinen Tochter des Marquis de La Torres nahm und ihn in ein Blau-Vögelchen verwandelte, das den Pavillon zwitschernd umkreiste, kannte die Wonne der Kinder und ihr Erstaunen keine Grenzen mehr.

Auch das feierliche Menuett, das Tänzerknaben der Kirche von Nuestra-Sennora-del-Filar tanzten, war entzückend. Die Infantin hatte nie vorher diese wunderbare Zeremonie gesehen, die alljährlich einmal zur Maienzeit vor dem Hochaltar der Jungfrau und ihr zu Ehren stattfindet. Hatte doch überhaupt kein Mitglied der königlichen Familie Spaniens je die große Kathedrale zu Saragossa betreten, seit dereinst ein wahnsinniger Priester, von dem viele sagten, er habe im Solde Elisabeths von England gestanden, versucht hatte, dem Prinzen von Aragonien eine vergiftete Hostie zu reichen. Nur vom Hörensagen kannte sie den Tanz Unserer-Lieben-Frau, wie man ihn nannte. Der aber bot ein gar herrliches Bild. Die Knaben trugen altmodische Hofgewänder aus weißem Sammet, und ihre merkwürdigen dreispitzigen Hüte trugen Silberfransen und waren von riesigen Straußfederwedeln überschattet. Wie sie sich so im Sonnenlichte hin und her bewegten, trat die blendende Weiße ihrer Gewandung durch den Gegensatz zu ihren goldgebräunten Gesichtern und ihren langen schwarzen Haaren nur noch mehr hervor. Da war auch nicht einer, den nicht der würdevolle Ernst, mit dem sie durch die verschlungenen Figuren des Tanzes dahinglitten, nicht einer, den nicht die auserlesene Anmut ihrer langsamen Schritte und stolzen Verbeugungen bezaubert hätte. Und als sie die Vorstellung beendet und ihre großen Federhüte vor der Infantin tief gesenkt hatten, nahm diese ihre Huldigung mit viel Höflichkeit entgegen und tat ein Gelübde, dass sie Unserer-Lieben-Frau-vom-Pfeiler zum Dank für das Vergnügen, das sie ihr gewährt hatte, eine mächtige Wachskerze stiften wolle.

Eine Schar von hübschen Ägyptern, wie man zu jenen Zeiten die Zigeuner nannte, betrat nach den Menuettänzen die Arena. Sie ließen sich mit gekreuzten Beinen in der Runde nieder und begannen gedämpften Lautes die Zither zu schlagen. Ihre Körper folgten weichwiegend den seltsam eintönigen Melodien, und sie sangen fast unhörbar ein leises, träumerisches Lied dazu. Als sie Don Pedros gewahr wurden, furchten sie finster die Stirn und auf den Gesichtern einiger malten sich Abscheu und Entsetzen: Hatte er doch vor wenigen Wochen erst zwei ihres Stammes wegen Zauberei auf dem Marktplatz von Sevilla hängen lassen! Die süße Infantin aber entzückte sie, wie sie sich so rückwärts lehnte und mit ihren großen blauen Himmelsaugen über den Fächer hinwegsah, und es war ihnen, als könne ein Mädchen, das so lieblich und reizend sei, in Wahrheit niemals gegen eine Menschenseele grausam sein. So spielten sie ganz leise, fortwährend, ohne Unterbrechung, und kaum die Saiten ihrer Zithern mit den langen spitzen Nägeln berührend, und ihre Köpfe nickten langsam: langsam, als wollten sie in Schlaf versinken. Plötzlich aber sprangen sie mit einem Schrei, der so wild klang, dass alle Kinder erschraken, und Don Pedros Hand nach dem Achatknopf seines Dolches fuhr, auf die Füße, wirbelten in einem tollen Kreistanz rund um die Arena, schlugen das Tamburin und sangen in den tiefen seltsamen Tönen ihrer Sprache irgendein wildes Liebeslied. Auf ein zweites Zeichen warfen sie sich dann wiederum zu Boden und lagen regungslos und stille da, während das Schweigen nichts unterbrach als das dumpfe Stöhnen der Zither. Nachdem sie dies mehrmals wiederholt hatten, verschwanden sie für einen Augenblick und kehrten mit einem braunen, zottigen Bären an einer Kette zurück, und trugen auf ihren Schultern ein paar kleine Berberaffen. Der Bär stellte sich mit tiefem Ernste auf den Kopf, und die Äffchen mit den runzligen Gesichtern führten allerlei lustige Streiche mit zwei Zigeunerkindern auf, die ihre Herren zu sein schienen. Sie fochten mit winzigen Schwertern, feuerten Gewehre ab und machten dann eine regelrechte Soldaten-übung durch, genau nach Art von des Königs höchsteigener Leibgarde. Die Zigeuner waren wirklich ein großer Erfolg!

Aber den heitersten Teil der ganzen Morgenunterhaltung bildete ohne Zweifel der Tanz des kleinen Zwerges: Wie er so, auf krummen Beinchen wackelnd, in die Arena stolperte und seinen schweren ungestalten Kopf von einer Seite zur anderen warf, da brachen die Kinder in einen lauten Schrei des Entzückens aus, und die Infantin selber lachte so laut, dass sich die Kameriera verpflichtet fühlte, sie daran zu erinnern, dass es in Spanien wohl schon manche Fälle ge-geben habe, wo eines Königs Tochter vor ihresgleichen in Tränen ausgebrochen sei, aber dass noch nie der Fall einge-treten wäre, dass eine Prinzessin von königlichem Geblüte so tolle Lustbarkeit vor Leuten bezeigt hätte, die um so viel niedriger geboren wären als eine Infantin. Der Zwerg aber war einfach ganz unwiderstehlich. Und selbst am spani-schen Hofe, der stets ob der Kultur berühmt war, die in sei-ner Leidenschaft für Grauenvolles lag; hatte man nie ein so fantastisch-scheußliches kleines Ungeheuer gesehen. Zudem war es fein erstes Auftreten; denn er war erst am vorher-gehenden Tage entdeckt worden. Zwei Granden, die in ei-nem entlegenen Teile des dichten Korkeichenwaldes jagten, der die Stadt umgab, hatten ihn durch Zufall aufgestöbert, wie er wild im Walde umhertollte. Und diese hatten ihn als Überraschung für die Infantin mit in den Palast gebracht.

War doch sein Vater, ein armer Kohlenbrenner, von Herzen erfreut, eines so hässlichen und nutzlosen Kindes ledig zu werden! Das Belustigendste an ihm war wohl die völlige Ahnungslosigkeit, die er seiner eigenen Lächerlichkeit gegenüber an den Tag legte! Ja, noch mehr, er schien ganz glücklich und voll von der besten Laune zu sein. Wenn die Kinder lachten, lachte er mit, frei und fröhlich wie ihrer eins, und nach jedem Tanze machte er vor jedem eine höchst possierliche Verbeugung, lächelte und nickte ihnen zu, ganz als wäre er ihresgleichen und nicht ein kleines missgestaltetes Geschöpf, das die Natur in einer tollen Laune zum Weltgespött geformt hatte. Vollends bezauberte ihn die Infantin. Er konnte die Augen nicht von ihr abwenden und er schien nur für sie zu tanzen. Und als sie zum Schluss der Vorstellung die schöne weiße Rose aus ihrem Haare löste – sich erinnernd, dass sie gesehen hatte, wie es die großen Damen des Hofes ebenso mit dem berühmten italienischen Tenor Caffarelli machten, den der Papst aus seiner eigenen Kapelle nach Madrid gesandt hatte, damit er die Schwermut des Königs durch die Süße seiner Stimme heile. Und als sie ihm die Blume über die Arena hin mit ihrem lieblichsten Lächeln zuwarf, teils zum Scherze und teils um die Kameriera zu ärgern, da fasste er die ganze Sache gar ernsthaft auf, drückte die Blume an seine braun-roten, schwulstigen Lippen, legte die Hände aufs Herz und beugte das Knie vor ihr, wobei er von einem Ohr zum anderen grinste und ihr aus den kleinen Äuglein vor Freude funkelnde Blicke zuwarf.

Dies erschütterte die Ernsthaftigkeit der Infantin so sehr, dass sie hellauf lachte und lachte und immer noch lachte, selbst als der kleine Zwerg schon längst aus der Arena hinausgelaufen war. Auch drückte sie ihrem Onkel den Wunsch aus, man möge den Tanz doch auf der Stelle wiederholen lassen. Die Kameriera jedoch entschied unter dem Vorwan-

de, dass die Sonne zu heiß sei: Es wäre für Ihre Hoheit besser, unverzüglich in den Palast zurückzukehren, wo man
bereits ein wundervolles Fest für sie bereitet habe, bei dem
auch ein wirklicher Geburtstagskuchen nicht fehle, der mit
ihren Initialen und farbigem Zucker überzogen sei und über
dem eine hübsche kleine Silberflagge wehe. Dementspre-
chend erhob sich die Infantin mit großer Würde und ging
in ihre Gemächer zurück, nachdem sie dem jungen Grafen
von Tierra-Nueva ihren Dank für den reizenden Empfang
übermittelt und den Befehl erteilt hatte, dass nach der Sies-
tastunde der kleine Zwerg von neuem vor ihr tanzen sollte.
Die Kinder folgten ihr in derselben Reihenfolge, in der sie
gekommen waren.

Als aber der kleine Zwerg hörte, dass er ein zweites Mal
vor der Infantin und noch dazu auf ihren eigenen ausdrück-
lichen Wunsch tanzen sollte, war er so über alle Maßen
stolz, dass er in den Garten hinausstürmte, die weiße Rose
in überströmender Freude wieder und wieder an die Lippen
drückte und die ungeschlachtesten und linkischsten Gebärden des Entzückens machte.

Die Blumen waren höchst entrüstet, dass er es wagte, sich
in ihr schönes Heim zu drängen. Und wie sie ihn so auf den
Wegen hin und her hopsen und in so lächerlicher Weise die
Arme über dem Kopfe zusammenschlagen sahen, vermochten
sie wahrhaftig nicht länger, ihren Gefühlen Zwang anzutun.

»Er ist meiner Treu doch allzu hässlich, als dass er da spielen dürfte, wo wir sind!«, riefen die Tulpen entrüstet.

»Er sollte Mohnsaft trinken und sich zu einem tausendjäh-
rigen Schlafe niederlegen«, spöttelten die großen Scharlach-
lilien und ereiferten und erhitzten sich nicht wenig darob.

»Er ist eben ein vollkommenes Scheusal!«, schrie der Kaktus. »Seht nur, wie verkümmert und verstümmelt er ist! In
welchem Missverhältnisse sein Kopf zu seinen Füßen steht!

Weiß Gott, mir wird ganz stachelig zumute. Kommt er mir nahe, so will ich ihn tüchtig mit meinen Dornen stechen.«

»Und dabei hat er sich wahrhaftig eine meiner schönsten Blüten angeeignet!«, rief der weiße Rosenbusch. »Ich habe sie selber der Infantin als Geburtstagsgeschenk gegeben. Er hat sie ihr gestohlen.« Und sie schrien, so laut sie nur konnten: »Dieb! Dieb! Dieb!«

Selbst die roten Geranien, die für gewöhnlich gar nicht stolz taten, und von denen man wusste, dass sie eine Menge armer Verwandter hätten, zogen sich voll Abscheu zurück, als sie den Zwerg erblickten. Und als die Veilchen in aller Bescheidenheit bemerkten, dass er wohl furchtbar hässlich, daran aber doch unschuldig sei, betonten die Geranien mit viel Überzeugung, dass ja eben gerade dies sein Hauptfehler sei, und dass kein Grund vorliege, jemand nur darum zu bewundern, weil er unverbesserlich sei. Und wirklich kam es selbst einigen Veilchen zum Bewusstsein, dass die Hässlichkeit des kleinen Zwerges recht aufdringlich wäre, und dass es weit besseren Geschmack bekundete, wenn er Trauer oder zumindest Nachdenklichkeit zur Schau getragen hätte, anstatt so lustig herumzuspringen und sich in solch absonderlich übermütigen und albernen Stellungen zu gefallen.

Die alte Sonnenuhr jedoch, die eine sehr hervorragende Persönlichkeit war und einst die Stunde des Tages keinem geringeren als dem Kaiser Karl dem Fünften höchstselbst angezeigt hatte, war über das Aussehen des kleinen Zwerges so entsetzt, dass sie beinahe vergessen hätte, zwei volle Minuten mit ihren langen Schattenfingern den Platz anzuweisen, und sich dem großen, milchweißen Pfau gegenüber, der sich auf der Balustrade sonnte, nicht der Bemerkung enthalten konnte, dass doch jeder wisse, dass die Kinder eines Königs Könige wären und dass die Kinder eines Kohlenbrenners eben Kohlenbrenner seien. Und dass es töricht wäre, zu behaupten, dem sei nicht so. Eine Feststellung, der der Pfau seine volle Zustimmung gab und zu der er sein: »Gewiss! gewiss!« so laut und schrill hervorstieß, dass die Goldfische, die im Becken der kühlplätschernden Fontäne wohnten, die Köpfe aus dem Wasser streckten und die großen steinernen Tritonen fragten, was es denn in aller Welt da gäbe?

Doch wie dem immer sei: Jedenfalls liebten ihn die Vögel! Sie hatten ihn ja oft genug im Walde gesehen, wie er einem Alben gleich dem wirbelnden Blattwerk nachhuschte, oder sich auch in die Höhlung eines alten Eichenbaumes verkroch und dort seine Nüsse mit den Eichhörnchen teilte.

Sie nahmen ihm seine Hässlichkeit nicht im geringsten übel. War doch selbst die Nachtigall, die so süß in den Orangen-Hainen flötete, dass sich der Mond bisweilen niederbeugte, um ihr zu lauschen, schließlich nur ein unansehnliches Persönchen! Auch war der kleine Alraun stets gütig gegen sie gewesen, und in jenem fürchterlich grimmen Winter, als es gar keine Beeren mehr auf den Bäumen gab und der Boden stahlhart gefroren war und die Wölfe bis vor die Stadtmauern kamen, um Nahrung zu suchen, hatte er der Hungernden kein einziges Mal vergessen, sondern ihnen stets die Krumen seiner kleinen schwarzen Brotrinde hingestreut und redlich mit ihnen sein Frühstück geteilt, wie ärmlich es immer auch war.

Drum flogen sie in der Runde um ihn her, streiften im Fluge ganz leise seine Wangen mit den Flügeln und zwitscherten miteinander. Und der kleine Zwerg war des Glückes so voll, dass er sich nicht enthalten konnte, den Vöglein die schöne weiße Rose zu zeigen und ihnen zu erzählen, dass sie ihm die Infantin selber geschenkt habe, weil sie ihn liebe!

Sie verstanden zwar kein Sterbenswort von alldem, was er sagte, aber das tat nichts; denn sie legten die Köpfchen schief und setzten gar verständnisvolle Mienen auf, was ja ganz denselben Zweck erfüllt wie wirkliches Verstehen und zudem viel leichter ist.

Auch die Eidechsen hatten eine große Vorliebe für ihn. Und da er des Laufens müde war und sich ins Gras warf, um zu ruhen, so spielten und krochen sie alle auf ihn herum und versuchten, ihn nach bestem Wissen zu unterhalten. »Es kann nicht jeder so schön wie eine Eidechse sein!«, riefen sie. »Das wäre zuviel verlangt. Und, mag es auch töricht klingen: So über die Maßen hässlich ist er doch gar nicht. Natürlich muss man die Augen schließen und darf ihn nicht anschauen.« Die Eidechsen waren geborene Philosophen und hockten oft stundenlang über einem Gedanken beisammen, wenn sie sonst nichts weiter zu tun hatten, oder wenn ihnen das Wetter zu regnerisch schien, um auszugehen.

Die Blumen jedoch waren sehr verstimmt über das Benehmen der Eidechsen und das Verhalten der Vögel.

»Dies zeigt nun wieder«, sagten sie, »welch verpöbelnde Wirkung dieses unaufhörliche Umherfliegen und Herumlaufen hat. Wohlerzogene Leute halten sich stets still an ihrem Platz, wie wir. Uns hat noch niemand die Wege auf und nieder hüpfen oder wie toll im Grase hinter den Wasserjungfrauen herjagen sehen. Tut uns Luftveränderung not, so senden wir nach dem Gärtner und er verpflanzt uns auf ein anderes Beet. So ist es geziemend, und so sollte es überall sein. Aber Vögel und Eidechsen haben für die Würde eines sehhaften Verhaltens eben kein Verständnis. Die Vögel haben ja nicht einmal eine ständige Adresse. Sie sind die reinsten Vagabunden, die richtigen Zigeuner, und man sollte sie auch so behandeln wie Zigeuner.«

So streckten sie die Nasen in die Luft und blickten äußerst hochmütig darein, und waren mehr als erfreut, wie sie nach einiger Zeit gewahrten, dass sich der kleine Zwerg vom Grase aufraffte und über die Terrasse hinweg dem Palaste zuschritt.

»Man sollte diese Sehenswürdigkeit wahrhaftig hinter Schloss und Riegel halten, solange sie lebendig ist«, sprach eine Blume. »Schaut doch nur diesen Höcker und die krummen Beinchen an!« Und sie kicherten alle miteinander.

Dem kleinen Zwerg aber war von alldem nichts bewusst. Er hatte die Vögel und Eidechsen von ganzem Herzen lieb und er fand, dass die Blumen die herrlichsten Geschöpfe der Welt wären. Die Infantin natürlich ausgenommen! Denn die hatte ihm ja die schöne weiße Rose geschenkt! Die liebte ihn! Und das war doch ein himmelhoher Unterschied! Wie er doch wünschte, er wäre ihr gefolgt! Sie hätte ihn zu ihrer Rechten gesetzt und ihn angelächelt und er wäre nie von ihrer Seite gewichen, sondern ihr Genosse geblieben, und er hätte ihr allerlei hübsche Spiele gezeigt. Denn wenn er auch bis dahin noch nie in einem Palaste gewesen war, so verstand er doch eine Menge von allerhand wunderbaren Dingen. Er konnte aus Binsen kleine Käfige bauen, in denen die Grashüpfer sangen, und konnte aus langstieligem Rohr die Flöte schneiden, die Pan zu hören liebt. Er kannte jedes Vogels Schrei und konnte den Star vom Baumwipfel locken oder den Reiher aus dem Sumpf. Er verstand die Spur jedes Tieres und ersah aus den schwachen Fußstapfen den Lauf des Hasen und aus den zertretenen Blättern den Weg des Ebers. Alle Tänze des Windes kannte er: den tollen Tanz im roten Gewande mit dem Herbste, den leichten Tanz in blauen Sandalen über das Korn hin, den Tanz mit weißen Schneekränzen im Winter und den Blütentanz durch die Gärten im Lenze. Er wusste, wo die Waldtauben ihr Nest bauen; und als ein Vogelsteller einst die älteren Vögel weggefangen hatte, hatte er die Jungen selber aufgezogen und ihnen in der Höhlung einer zerspaltenen Ulme einen kleinen Schlag gebaut. Sie waren ganz zahm und es gewohnt, ihm jeden Morgen das Futter aus der Hand zu picken. Die würden ihr

gefallen und auch die Kaninchen, die in dem hohen Farn-
kraut umherliefen, und die Holzhäher mit ihren stahlfarbe-
nen Federn und schwarzen Schnäbeln, und die Igel, die sich
zu Stachelkugeln zusammenrollen konnten, und die großen
weißen Schildkröten, die langsam herumkrochen, mit ihren Köpfen wackelten und die jungen Blätter benagten. Ja
gewiss, in den Wald musste sie kommen und dort mit ihm
spielen. Dort wollte er ihr sein eigenes Bettlein einräumen
und bis zum Morgengrauen Wache vor dem Fenster halten,
damit ihr das wilde Hornvieh nicht Schaden täte, noch die
hageren Wölfe der Hütte zu nahe kröchen.

Beim Morgengrauen aber würde er dann an die Läden
klopfen und sie wecken; und sie würden hinausziehen
und miteinander tanzen, solange die Sonne schien. Es war
im Walde wirklich gar nicht einsam. Bisweilen ritt ein Bischof hindurch auf seinem weißen Maultier und las in einem schöngemalten Buche. Bisweilen zogen auch in ihren
grünen Sammetmützen und ihren Kollern aus gegerbtem
Hirschleder die Falkoniere vorbei, mit gekappten Falken auf
der Faust. Zur Winzerzeit kamen die Traubenkelterer mit
purpurroten Händen und Füßen und trugen Kränze von
blanken Efeublättern und tropfende Schläuche voll Wein.
Und nachts sahen die Köhler rings um ihre riesigen Feuer-
pfannen und sahen die trockenen Klötze langsam im Feuer
zu Äsche kohlen, in der sie dann Kastanien brieten. Und
die Räuber schlüpften aus ihren Höhlen herbei und trieben
Kurzweil mit ihnen.

Einmal hatte er auch eine schöne Prozession gesehen, die
sich den langen staubigen Weg gen Toledo aufwärts wand. Die
Mönche schritten unter lieblichem Gesange voran und trugen
schimmernde Fahnen und schwere Kreuze aus Gold. Ihnen
folgten Krieger in silberner Rüstung mit Luntengewehren
und Piken. Und in der Mitte schritten drei barfüßige Männer

in wunderlichen, gelben Gewändern, die über und über mit
seltsamen Zeichen bemalt waren, und brennende Kerzen trugen sie in den Händen. Gewiss, es gab hier im Walde gar viel
zu schauen. Und war die Infantin müde, so wollte er schon
eine weiche Moosbank für sie finden, oder sie auf seinen Armen dahintragen. Denn er wusste sich stark, wenngleich er
merkte, dass er nicht hoch gewachsen war. Er würde ihr ein
Halsgeschmeide aus Hagebuttenbeeren machen, das gerade
so hübsch sein würde, wie die weißen Beeren, mit denen ihr
Kleid bestickt war, und wenn sie daran keine Freude mehr
hätte, so brauchte sie sie nur wegzuwerfen, je nach Lust, er
würde ihr schon andere suchen. Eichelschalen würde er ihr
bringen und taubetropfte Anemonen und winzige Glüh-
würmchen als Sterne in das Gold ihres Haares einflechten.

3.

Wo aber war sie? Er fragte die weiße Rose, doch sie gab
ihm keinen Bescheid. Der ganze Palast schien schlafbefan-
gen. Selbst da, wo die Läden nicht geschlossen waren, hatte
man die Fenster mit schweren Gardinen verhängt, um dem
Sonnenglanz den Eingang zu verwehren. Er wanderte auf
und nieder, nach einer Stelle suchend, wo er Einlass finden
könnte, und erblickte endlich eine kleine, verborgene Tür,
die offen stand. Er schlüpfte hindurch und fand sich in einer farbenprächtigen Halle, viel farbenprächtiger, fürchtete
er, als es selbst sein Wald war. Sah er doch Gold, wohin er
blickte! Auch der Boden, den seine Füße betraten, war aus
großen bunten Steinen gebildet, die sich zu regelmäßigem
Linienspiele zusammenfügten. Aber die kleine Infantin sah
er nicht, nur ein paar wunderschöne weiße Statuen, die von
ihren Jaspispiedestalen mit traurigen leeren Augen und seltsam lächelnden Blicken auf ihn niedersahen.

Am Ausgange des Saales hing ein reichgestickter Vorhang aus schwarzem Sammet, der mit Sonnen und Sternen, den Lieblingssymbole des Königs, übersäet und auf jene Farbe gestickt war, die er vor allem liebte. Vielleicht verbarg sie sich dahinter. Er wollte es jedenfalls versuchen.

So stahl er sich leise hin und zog ihn beiseite. Nein, es war nur ein anderes Zimmer; ein hübscheres freilich, dachte er, als das, was er soeben verlassen hatte. Die Wände waren mit einer aus kunstgeübten Nadeln hervorgegangenen Arrassti-ckerei behängt, die in vielen Gestalten eine Jagd darstellte und das Werk eines spanischen Künstlers war, der mehr als sieben Jahre daran geschaffen hatte. Sie hing einst im Ge-mache von Jean (Le Fou, wie man ihn nannte), jenes wahn-sinnigen Königs, der die Jagd so leidenschaftlich liebte, dass er oft in seinem Wahn versucht hatte, die sich bäumenden Riesenpferde an der Wand zu besteigen und den Hirsch nie-derzuzwingen, auf den die Riesenhunde sprangen, und der ins Jagdhorn stieß und mit seinem Dolche nach der bleichen fliehenden Hindin stach. Jetzt hatte sie im Beratungssaale ihre Verwendung gefunden, und auf dem Tische, der in der Mitte stand, lagen die roten Ministermappen, die mit den goldenen Tulpen Spaniens und mit den Wappen und Emble-men des Hauses Habsburg verziert waren.

Der kleine Gnom blickte verwundert um sich her und wagte kaum weiterzuschreiten. Die seltsam schweigenden Reiter, die so behende und lautlos durch das Dickicht jagten, schienen ihm gleich jenen furchtbaren Phantomen, von de-nen er die Köhler hatte reden hören, jenen Komprachos, die nur bei Nacht jagen und menschliche Wesen, die sie treffen, in Hindinnen verwandeln und dann verfolgen. Darauf aber dachte er wieder an die hübsche Infantin und fasste neuen Mut. Er wollte sie allein antreffen und ihr sagen, dass auch er sie liebe. Vielleicht war sie im Gemache nebenan. Er lief über die weichen, maurischen Teppiche und öffnete die Tür. Doch auch hier war sie nicht. Das Gemach stand ganz leer.

Es war ein Thronzimmer, das zum Empfange fremder Gesandten diente, wenn sie der König, was in letzter Zeit allerdings nur selten geschah, höchstselbst zu empfangen geruhte. Dasselbe Prunkzimmer war es, in dem vor vielen Jahren die Botschafter Englands erschienen waren, um ein Ehebündnis zwischen ihrer Königin, damals einer der katholischen Herrscherinnen Europas, mit dem ältesten Sohne des Kaisers einzuleiten. Die Tapeten waren aus vergoldetem Cordovaleder, und ein schwergoldener Kronleuchter mit Armen, die dreihundert Wachslichter zu tragen vermochten, hing von der schwarz und weißen Decke herab. Unter einem großen Thronhimmel aus Goldstoff, auf dem die Löwen und Türme Kastiliens, Perle an Perle, eingestickt waren, stand der Thron selbst, mit einem reichen Tuch aus schwarzem Sammet verhangen, der mit Silbertulpen besetzt und mit Perlen in silbernen Kränzen überreich umsäumt war. Auf der zweiten Stufe des Thrones stand der Knieschemel der Infantin, mit seinen Kissen aus silbergewebtem Stoffe. Und tiefer noch als der, und außerhalb des Schattenwurfs des Thronhimmels, stand der Stuhl des päpstlichen Nuntius, der allein das Recht besaß, in des Königs Gegenwart zu sitzen, wenn eine der öffentlichen Feierlichkeiten vor sich ging, und dessen Kardinalshut mit seinen verschlungenen scharlachroten Troddeln auf einem purpurroten Taburette davor lag. An der Wand, dem Throne gegenüber, hing ein lebensgroßes Bildnis Karls des Fünften im Jagdgewande mit einer großen Dogge ihm zur Seite; und ein Bild Philipps des Zweiten, wie er die Huldigung der Niederlande entgegennimmt, nahm die Mitte der anderen Wand ein. Zwischen den Fenstern stand ein Schrank aus schwarzem Ebenholze, mit Elfenbeinplatten eingelegt, worin die Gestalten aus

Holbeins Totentanz geschnitten waren, und zwar von jenem großen Künstler eigenhändig, wie viele wissen wollten.

Dem kleinen Zwerge aber galt all diese Pracht nichts. Für alle Perlen auf dem Baldachine hätte er seine weiße Rose nicht hingegeben. Nicht ein weißes Blütenblatt seiner Rose; nicht, um den Thron selbst damit zu erkaufen. Sein Sinnen galt nur einem: die Infantin sehen, ehe sie hinabging in das Zelt. Sie bitten, mit ihm fortzugehen, sobald er seine Tänze beendet haben würde. Hier im Palaste war die Luft dumpf und stickig, doch im Walde blies frei der Wind und dort schob der Sonnenschein mit ewig regen Händen von Gold die zitternden Blätter beiseite. Auch Blumen gab es ja im Walde, Blumen, die vielleicht weniger prunkvoll als die hier im Garten waren, die dafür aber um so lieblicher duf-teten. Im Frühling Hyazinthen, die mit wogendem Purpur die kühlen Täler und grasreichen Hügel überdeckten, gel-be Primeln, die in kleinen Büscheln rings um die knorrigen Wurzeln der Eichen nisteten. Helles Schellkraut und blauen Ehrenpreis und gold- und fliederfarbene Schwertlilien gab es. Und graue Kätzchen hingen an den Haselstauden, und der Fingerhut trug schwer an dem Gewichte seiner gespren-kelten, bienenbelebten Kämmerchen. Die Kastanie wiegte Pyramiden von weißen Sternen und der Hagedorn trug sei-ne bleichen Schönheitsmonde. Ja, kein Zweifel, sie würde mit ihm kommen, wenn er sie nur finden könnte! Sie würde mit ihm ziehen in den herrlichen Wald, und den ganzen lie-ben Tag lang würde er zu ihrem Vergnügen tanzen.

Ein Lächeln leuchtete bei dem Gedanken in seinen Augen auf. Und er betrat das nächste Gemach.

Von allen Gemächern war dies das hellste und schönste. Die Wände waren mit rosageblümtem Luccadamast beklei-det, auf dem sich Vogelmuster abhoben, und mit kleinen Silberblüten bestreut. Die Einrichtung war aus schwerem

Silber, mit blühenden Kränzen behängen und schwebenden Liebesgöttern. Vor den beiden Kaminen standen mächtige Schirme, papageien- und pfauenüberstickt. Und der Flur aus grünem Onyx schien sich in weite Fernen hinzuverlieren.

Auch war er nicht allein: Unter dem Schatten der Tür, am äußersten Ende des Raumes, erblickte er eine schmächtige Gestalt, die ihn ansah. Sein Herz erbebte. Ein Freudenschrei rang sich von seinen Lippen, und er trat in das helle Sonnenlicht hinaus. Nun, wie er vorwärts schritt, schritt ihm auch die Figur entgegen. Und nun sah er sie genau.

Die Infantin? Nein! Ein Scheusal war es, das widerlichste Scheusal, das er je erblickt hatte. Nicht geradegewachsen, wie alle anderen Leute, nein! Höckerig und krummbeinig, mit großem wackelnden Kopfe und einer Mähne von schwarzem Haar. Der kleine Zwerg blickte finster, und auch das Scheusal blickte finster. Er lachte, und es lachte mit ihm und stemmte die Hände in die Hüften, grade so wie er es selber tat.

Er verneigte sich höhnisch, und es machte ihm eine tiefe Verbeugung zurück. Er ging darauf zu und es kam ihm entgegen, jeden Schritt nachahmend, den er schritt; innehaltend, wenn er selber innehielt. Er schrie vor Entzücken laut auf und lief vorwärts und streckte die Hand aus, und siehe da: Die Hand des Scheusals berührte die seine, und sie war kalt wie Eis. Ihn lähmte die Angst, und er hob die Hand. Und die Hand des Scheusals folgte hurtig der seinen. Er versuchte weiterzugehen. aber etwas Glattes und Hartes tat ihm Einhalt. Das Gesicht des Scheusals war nun dicht vor seinem eigenen und Entsetzen stand darauf geschrieben. Er strich sich das Haar aus der Stirn, es ahmte ihm nach. Er schlug danach, und es gab Schlag für Schlag zurück. Er spie es an, und es machte ihm scheußliche Fratzen. Er fuhr zurück, und es entfernte sich.

Was war das? Einen Augenblick besann er sich, dann blickte er rings im Gemache umher. Seltsam: Alles schien sein Doppelbild in dieser unsichtbaren Mauer durchsichtigen Wassers zu besitzen. Ja, Bild für Bild wiederholte sich und Ruhesitz um Ruhesitz. Der schlafende Faun, der im Alkoven neben der Tür lag, hatte seinen Zwillingsbruder, der schlummerte, und die silberne Venus, die im Sonnenlichte stand, streckte die Arme nach einer Venus aus, die gleich hold anzusehen war wie sie.

Trieb hier ein Echo sein Spiel? Er hatte ihm einst im Tale zugerufen und es hatte ihm Wort für Wort zurück-gegeben. War's möglich, dass ein Echo das Auge höhnte, wie es die Stimme verspottete? War's möglich, dass es eine Scheinwelt hervorzauberte, die der wirklichen so völlig glich? War's möglich, dass die Schatten der Dinge Farbe und Leben besitzen und Bewegung? War's möglich, dass –? Er zuckte zusammen, dann nahm er die liebliche, weiße Rose von der Brust, wandte sich um und küsste sie. Das Scheusal hatte auch eine Rose, Blatt für Blatt der seinen gleich! Es küsste sie mit gleichen Küssen und presste sie mit schrecklichen Gebärden an das Herz.

Da ihm die Wahrheit grell vor Augen trat, stieß er einen wilden Schrei der Verzweiflung aus und warf sich schluchzend auf den Flur nieder. Er also war es, der so missgeformt war, ein Krüppel, hässlich anzusehen, eine Zwerggestalt! Er selber war das Scheusal! Und über ihn hatten die Kinder alle so laut gelacht. Und auch die kleine Prinzessin, von der er geglaubt hatte, sie liebe ihn: Auch sie hatte nur seine Hässlichkeit verhöhnt und sich über seine krummen Glieder lustig gemacht?

Weshalb hatte man ihn nicht im Walde gelassen, wo es keinen Spiegel gab, der ihm sagen konnte, wie abscheulich er war? Weshalb hatte ihn sein Vater nicht lieber getötet, als ihn seiner Schande verkauft? Heiße Tränen rannen über seine Wangen, und er zerzupfte die weiße Rose in einzelne Fetzen. Das kriechende Scheusal tat dasselbe und streute die bleichen Blütenblätter in die Luft. Es wälzte sich am Boden, und wenn er danach blickte, so spähte auch sein Spiegelbild mit schmerzverzerrtem Antlitz nach ihm hin.

Er kroch weiter fort, um es nicht mehr zu sehen, und bedeckte die Augen mit den Händen. Wie ein verwundetes Tier schleppte er sich in den Schatten und blieb dort stöhnend liegen.

In diesem Augenblicke aber kam die Infantin selbst mit ihren Gespielen durch die offene Flügeltür herein. Und da sie den hässlichen kleinen Zwerg am Boden liegen sahen, sahen, wie er mit geballten Fäustchen in höchst fantastischer und übertriebener Weise um sich schlug, brachen sie in ein helles, kindlichfrohes Lachen aus und umringten ihn alle und sahen ihm zu.

»Sein Tanzen war unterhaltend«, sagte die Infantin, »aber sein Spiel ist noch viel unterhaltender. Er spielt beinahe so gut wie die Drahtpuppen. Nur selbstverständlich nicht ganz so natürlich.« Und ihre Händchen huschten mit ihrem großen Fächer auf und nieder und klatschten Beifall.

Der kleine Zwerg aber blickte kein einziges Mal auf, und seine Seufzer wurden leiser und leiser und plötzlich entrang sich ein seltsamer Laut seiner Kehle. Er grub sich die Nägel in das Fleisch. Dann fiel er wiederum zurück und lag ganz unbeweglich.

»Das war großartig«, sagte die Infantin nach einer Pause. »Aber jetzt musst du mir etwas vortanzen!«

Da riefen alle Kinder im Chor:

»Ja, du musst aufstehen und tanzen, denn du bist nicht minder geschickt als die Berberaffen und viel komischer.«

Der kleine Zwerg aber antwortete nicht.

Und die Infantin stampfte mit dem Füßchen auf den Boden und rief ihren Onkel herbei, der mit dem Kanzler grade auf der Terrasse promenierte und einige Depeschen las, die soeben aus Mexiko eingetroffen waren, wo man kürzlich das heilige Amt eingerichtet hatte.

»Mein lustiger kleiner Zwerg schmollt!«, rief sie. »Weck ihn mir auf und sag ihm, dass er für mich tanzen solle.«

Die Kinder lächelten einander zu und schlenderten herein, und Don Pedro beugte sich nieder und schlug den Zwerg mit seinem gestickten Handschuh auf die Backe. »Du sollst tanzen, kleiner Unhold«, sprach er. »Tanzen sollst du. Die Infantin des spanischen Königreiches und der beiden Indien will unterhalten sein.« Aber der kleine Zwerg regte sich nicht.

»Man sollte nach einem Peitschenmeister senden«, sprach Don Pedro gelangweilt und ging wieder auf die Terrasse hinaus. Der Kanzler aber blickte ernst, und kniete neben dem kleinen Zwerge nieder und legte die Hand auf dessen Herz. Und nach Ablauf einer Sekunde zuckte er die Achseln, stand auf, verneigte sich tief vor der Infantin, und sprach: «Mi bella princesa. Ihr lustiger kleiner Zwerg wird nie wieder tanzen. Es ist schade, weil er doch so hässlich ist, dass er selbst dem Könige hätte ein Lächeln entlocken können.«

»Und warum wird er nie wieder tanzen?«, fragte lächelnd die Infantin.

»Weil ihm das Herz gebrochen ist«, erwiderte der Kanzler.

Da runzelte die Infantin die Brauen und ihre niedlichen Rosenlippen kräuselten sich vor reizender Verachtung.

»In Zukunft mögen jene, die mit mir zu spielen wünschen, kein Herz haben!«, rief sie schmollend und lief in den Garten hinaus.

Der junge Fischer und seine Seele

1.

Allabendlich fuhr der junge Fischer hinaus auf das Meer und senkte das Netz in die Fluten. Wenn der Wind vom Lande blies, fing er nichts oder selbst im besten Fall nur wenig. War's doch ein rauer Wind mit schwarzen Fittichen, dem nur raue Wellen entgegenliefen. Doch wenn der Wind landeinwärts blies, dann stiegen die Fische aus der Tiefe und schwammen ihm in die Maschen seines Netzes. Und er trug sie auf den Marktplatz und verkaufte sie.

Allabendlich fuhr er hinaus auf das Meer. Und an einem Abend war sein Netz so schwer, dass er es kaum ins Boot hereinzuziehen vermochte. Da lachte er und sprach zu sich selber: »Wahrhaftig, entweder habe ich alle Fische gefangen, die hier schwimmen, oder ein dunkles Ungeheuer geangelt, das die wundertollen Menschlein angaffen werden. Vielleicht auch irgendein Ding des Grausens, wonach die große Königin Verlangen tragen wird.« Und er strengte alle seine Kräfte an und zog an den groben Tauen, bis die langen Adern auf seinen Armen wie Stricke anschwollen, wie Linien blauen Emails rund um ein erzenes Gefäß. Er zog an den dünnen Stricken, und näher und näher kam der Kreis flacher Korke, und endlich stieg das Netz an die Oberfläche des Wassers.

Aber es war kein Fisch darin und auch kein Ungeheuer. Auch nichts Grauenvolles, nur eine kleine Meermaid, die in festem Schlummer lag. Ihr Haar glich einem nassen goldenen Flies, und jedes einzelne Haar sah aus wie ein Faden feinen Goldes im Glase einer Schale. Ihr Leib war wie weißes Elfenbein. Ihr Schuppenschwanz war aus Silber und Perlen und ringsum von grünen Algen und Seemuscheln bekränzt. Den Seemuscheln glichen ihre Ohren und ihre Lippen glichen Seekorallen. Die kalten Wellen spielten mit ihren kalten Brüsten und Salzperlen glitzerten auf ihren Augenlidern.

Sie war so schön, dass der junge Fischerknabe bei ihrem Anblicke voll des Staunens verstummte, und die Hand ausstreckte und das Netz ganz nahe zu sich heranzog. Tief beugte er sich über Bord und schloss sie in die Arme. Doch da er sie berührte, stieß sie einen Schrei aus, gleich dem Schrei der erschreckten Möve, und erwachte und blickte ihn mit entsetzten Malvenaugen an und rang mit ihm, sich ihm zu entwinden. Er aber hielt sie fest an sich gepresst und wollte sie nicht lassen.

Und da sie fühlte, dass sie ihm auf keine Weise entschlüpfen konnte, fing sie an zu schluchzen und sprach: »Ich bitte dich, lass mich ziehen, denn ich bin die einzige Tochter eines Königs, und mein Vater ist hoch bei Jahren und vereinsamt.«

Der junge Fischer erwiderte: »Ich lasse dich nicht, es sei denn, du gelobest mir, zu mir zu kommen, wann immer ich dich rufe, und für mich zu singen. Denn die Fische hören gerne dem Gesang des Meervolks zu. Und meine Netze werden sich dann leichter füllen.«

»Willst du mich in Wahrheit ziehen lassen, wenn ich dir dies gelobe?«, rief die Meermaid.

»Ich will dich in Wahrheit ziehen lassen«, erwiderte der junge Fischer.

Da schwur sie ihm, was er von ihr verlangte, und siegelte es mit dem Eid des Meervolkes. Da ließen sie seine Arme los und sie tauchte hinab zum Wassergrunde und zitterte in ungekannter Furcht.

2.

Allabendlich fuhr nun der junge Fischer hinaus aufs Meer und rief die Meermaid, und sie stieg aus den Fluten empor und sang für ihn. Rings um sie her ruderten die Delfine und ihr zu Häupten flatterten die wilden Seemöven.

Sie aber sang seltsam-schönen Sang. Sie sang vom Meervolke, das seine Herden von Höhle zu Höhle treibt und kleine Kälbchen auf den Schultern trägt, von den Tritonen, die lange grüne Bärte haben und behaarte Brüste und auf ihren gewundenen Muschelhörnern blasen, wenn der König vorüberzieht, von dem Palast des Königs, der, von oben bis unten aus Bernstein gebaut, ein Dach durchsichtiger Smaragden hat, und mit glänzenden Perlen gepflastert ist, von den Gärten der See, wo die breitgefiederten Korallenfächer den ganzen Tag langsam auf- und niedergehen, wo die Fische gleich Silbervögeln hin und her gleiten, die Anemonen fest in den Felsen wurzeln und die rosenroten Nelken im wellendurchfurchten, gelben Sande.

Sie sang von den Riesenwalen, die aus den nördlichen Meeren kommen und scharfe Eiszapfen an ihren Kiemen hängen haben, von den Sirenen, die von solch wunderbaren Dingen singen, dass sich die Kaufleute die Ohren mit Wachs verstopfen müssen, um sie nicht zu hören, um nicht in die Tiefe zu springen und zu ertrinken, von gesunkenen Galeeren mit hohen Masten und frierenden Seefahrern, die sich an das Tauwerk klammern, und den Makrelen, die durch die offenen Ladelöcher ein- und ausschwimmen, von den kleinen Enten-Muscheln, die große Reisende sind und sich in die Kiele der Schiffe bohren und so rund um die Welt segeln, vom Tintenfische, der am Klippenrande lebt, und die langen schwarzen Arme ausstreckt und die Nacht herniederrufen kann, wenn er es will. Sie sang vom Nautilos, der sein eigenes Schifflein hat, das aus Opal geschnitten ist und von einem silbernen Segel getrieben wird, von den fröhlichen Meermännern, die Laute spielen und den großen Kraken in Schlaf versenken können, von den kleinen Kindern, die schlüpfrige Meerschweinchen erhaschen und lachend auf ihren Rücken reiten, von den Meerjungfrauen, die im weißen Schaume liegen und nach den Seefahrern die Arme ausstrecken, und von den Seelöwen mit den gebogenen Fangzähnen und den Seepferden mit den wogenden Mähnen.

Und wie sie so sang, kamen alle Thunfische der Tiefe herbei, um ihr zu lauschen, und der junge Fischer warf sein Netz um sie und fing sie alle, und wieder andere traf er mit dem Speer. Und wenn sich sein Boot angefüllt hatte, so stieg die Meermaid lächelnd wieder in die Tiefe hinab.

Niemals aber kam sie seiner Berührung nahe. Oft rief er sie und bat sie. Doch sie wollte nicht. Und wenn er sie zu ergreifen versuchte, tauchte sie ins Wasser, wie wohl ein Seehund taucht, und an jenen Tagen sah er sie nicht wieder. Tagtäglich aber tönte der Klang ihrer süßen Stimme seinem Ohre. So süß klang ihm ihre Stimme, dass er seines Netzes und seiner List vergaß, und sich um sein Handwerk nicht mehr kümmerte.

Mit Flossen von Karmin und Augen von glitzerndem Golde zogen die Thunfische in Scharen daher, aber er achtete ihrer nicht. Sein Speer lag unbenutzt an seiner Seite, und sein Korb aus geflochtenen Weidenruten blieb leer. Mit sehnsuchtsoffenen Lippen, mit Augen, die vor Staunen dunkel wurden, saß er müßig in seinem Kahn und lauschte. Lauschte, bis die Meeresnebel über ihn hinkrochen und der wandelnde Mond seine braunen Glieder mit Silber färbte.

Und eines Abends rief er sie und sprach: »Kleine Meermaid, ich liebe dich. Nimm mich zum Liebsten, denn ich liebe dich!«

Doch die Meermaid schüttelte das Haupt: »Du hast eine Menschenseele«, erwiderte sie, »aber wenn du deine Seele von dir abtun wolltest, dann könnte ich dich lieben.«

Und der junge Fischer sprach zu sich: »Was frommt mir meine Seele? Ich vermag sie nicht zu fassen, ich kenne sie nicht einmal. Wahrlich, ich will sie von mir lassen, und große Seligkeit wird meiner harren.«

Und ein Schrei der Freude rang sich von seinen Lippen, und aufrechtstehend in seinem buntbemalten Kahne streckte er die Arme der Meermaid entgegen.

»Ich will meine Seele von mir schicken«, rief er, »und du sollst meine Braut sein. Dein Liebster will ich sein, und in den Tiefen der See wollen wir beisammen wohnen, und du sollst mir alles das, wovon du gesungen hast, zeigen, und ich will tun, was du immer begehrest und nichts mehr soll unser Leben scheiden.«

Und die kleine Meermaid lachte laut auf vor Glückseligkeit und verbarg das Antlitz in den Händen.

»Doch wie soll ich meine Seele von mir tun?«, rief der junge Fischer. »Sag mir, wie ich es beginnen soll, und sogleich soll es geschehen.«

»Ach! das weiß ich nicht«, sprach die kleine Meermaid. »Meervolk hat keine Seele.« Und sie stieg hinab in die Tiefe und sah ihn traurig an.

3.

Früh am nächsten Morgen, noch ehe die Sonne männerhandhoch über dem Hügel stand, ging der junge Fischer zum Hause des Priesters und pochte dreimal an die Tür.

Der Novize spähte durch das Türfensterlein heraus, und als er sah, wer draußen stand, schob er den Riegel zurück und sprach: »Tritt ein!«

Und der junge Fischer trat ein und kniete auf den süß duftenden Binsen des Flures nieder und rief den Priester an, der in dem Buche des Lebens las, und sprach zu ihm: »Vater, ich liebe eine vom Meervolk und meine Seele hindert mich an der Erfüllung meiner Sehnsucht. Sag' mir, wie ich meine

Seele von mir tun kann. Denn in Wahrheit, ich brauche sie nicht. Was nützt mir meine Seele? Ich kann sie nicht sehen, ich kann sie nicht berühren, ich kenne sie nicht.«

Und der Priester schlug sich die Brust und entgegnete: »Wehe! Wehe! Aus dir spricht der Wahnsinn! Vielleicht auch hast du vergiftetes Kraut genossen. Ist doch die Seele das edelste im Menschen, weil sie uns von Gott geschenkt wurde, damit wir sie auf edle Art gebrauchen sollen. Es gibt nichts herrlicheres als eine Menschenseele und kein irdisch Ding mag sich damit vergleichen. Sie wieget alles Gold der Erde auf und ist kostbarer als die Rubine der Könige. Darum, mein Sohn, kehre deine Gedanken ab von dieser Sünde, die von jenen ist, die nicht verziehen werden können. Denn das Meervolk ist verloren und verloren sind alle die, die mit ihm ein Bündnis schließen. Sie sind wie das Vieh auf dem Felde, das nicht Gutes vom Bösen unterscheidet. Und nicht für sie ist unser Herr gestorben.«

Die Augen des jungen Fischers füllten sich mit Tränen, da er die harten Worte des Priesters vernahm, und er erhob sich von den Knien und sprach zu ihm: »Vater, die Faune leben im Walde und sind froh; und auf den Felsen sitzen die Meermänner mit ihren Harfen aus rotem Golde. Lass mich einer von ihnen sein, ich beschwöre dich. Denn ihre Tage verstreichen wie die Tage der Blume. Meine Seele aber? Was frommt mir meine Seele, wenn sie zwischen mir und jener steht, die ich liebe?«

»Die Liebe des Leibes ist schmutzgeboren«, rief der Priester, die Brauen furchend, »und schmutzgeboren und böse sind die heidnischen Wesen. Denn nur Gottes Duldung erlaubt ihnen auf Erden zu wandeln. Verflucht seien die Faune des Waldlandes, und verflucht seien die Sänger der See. Ich habe sie zur Nachtzeit gehört, und sie haben mich versucht von meinen Gebeten abzuziehen. Sie pochen ans Fenster und lachen, sie flüstern mir die Macht ihrer verderblichen Lust ins Ohr. Sie versuchen mich mit Versuchung – und wenn ich beten will, grinsen mich ihre Fratzen an. Sie sind verloren, sag' ich dir, sie sind verloren. Für sie gibt es nicht Himmel noch Hölle, und nicht hier noch dorten dürfen sie Gottes Namen lobpreisen.«

»Vater!«, rief der junge Fischer. »Du weißt nicht, was du sprichst. Einst fing ich in meinen Netzen die Tochter eines Königs. Sie ist schöner als der Morgenstern und weißer als der Mond. Für ihren Leib gäbe ich gerne meine Seele hin und für ihre Liebe meine Seligkeit. Gib mir die Auskunft, die ich von dir erbitte, und dann lass mich in Frieden ziehen.«

»Hebe dich weg«, rief der Priester, »deine Buhle ist verloren und du wirst mit ihr verloren sein.« Und er gab ihm keinen Segen, sondern trieb ihn von seiner Tür hinweg.

Und der junge Fischerknabe ging hinunter zum Marktplatz. Und er ging langsam und ließ den Kopf hängen wie einer, der in Sorgen ist. Und als ihn die Kaufleute kommen sahen, flüsterten sie miteinander, und einer von ihnen kam ihm entgegen und rief ihn beim Namen und sprach: »Was hast du heute zu verkaufen?«

»Ich will dir meine Seele verkaufen«, antwortete er. »Ich bitte dich, kaufe sie mir ab, denn ich bin ihrer müde. Wozu brauche ich meine Seele? Ich kann sie nicht sehen, ich vermag sie nicht zu berühren, ich kenne sie nicht.«

Die Kaufleute aber höhnten ihn und sagten: »Was frommte uns denn eine Menschenseele? Sie ist kein Stück geprägten Silbers wert. Verkaufe uns deinen Leib und wir wollen dich in den Purpur des Meeres hüllen, wollen einen Ring mit Juwelen an deinen Finger stecken und dich zum Lustknaben der großen Königin machen. Aber rede uns nicht von deiner Seele, denn wir brauchen deine Seele nicht, noch hat sie einen Wert für uns.«

Da sprach der junge Fischer zu sich selbst: »Wie seltsam ist doch all dies! Der Priester sprach zu mir, die Seele wiegt alles Gold der Welt auf, und die Kaufleute sagen, sie sei kein geprägtes Stück Silber wert.«

Und er verließ den Marktplatz und stieg nieder an das Ufer der See und begann darüber zu sinnen, was er nun tun solle.

4.

Und zur Mittagsstunde kam ihm in den Sinn, wie ihm einst einer seiner Gefährten, der Meerfenchelsucher war, von einer jungen Hexe erzählt hatte, die zu Häupten der Bucht in einer Höhle wohne, und voller List in ihren Zauberkünsten sei. Und er machte sich auf und lief zu ihr, da es ihn so sehr gelüstete seiner Seele ledig zu werden. Und eine Wolke Staubes folgte ihm, als er den Ufersand entlang eilte.

Aus dem Jucken ihrer Hand ersah die junge Hexe sein Kommen. Und sie lachte und löste ihr rotes Haar. Von ihrem roten Haar umwogt, stand sie unter dem Eingang der Höhle, und in Händen hielt sie einen Zweig von wildem Schierling, der da blühte.

»Was fehlt dir? Was fehlt dir?«, rief sie, als er keuchend den Abhang heranklomm und sie begrüßte. »Fische im Netz, wenn der Wind versagt? Ich habe ein Rohrpfeiflein: Blas ich darauf, so kommen die Meeräschen in die Bucht gesegelt. Aber es hat einen Preis, schöner Knabe. Es hat einen Preis. – Was fehlt dir? Was fehlt dir? Ein Sturm, der Schiffe scheitern macht und Kisten voll reicher Schätze an das Ufer spült? Ich habe mehr Stürme als der Wind, denn ich diene einem, der stärker als der Wind ist. Und mit einem Sieb und einem Eimer Wasser kann ich die großen Galeeren auf den Grund des Ozeans versenken. Aber ich habe meinen Preis, schöner Knabe. Ich habe meinen Preis. – Was fehlt dir? Was fehlt dir? Ich kenne eine Blume, die im Tale wächst. Keiner kennt sie als ich. Purpurblätter hat sie und der Stern in ihrem Blütenherzen ist weiß wie Milch. Berührtest du mit dieser Blume die welken Lippen der Königin, so folgte sie dir überall hin durch die Welt. Aus dem Bette des Königs stünde sie auf, und überall hin durch die Welt folgte sie dir. Doch die hat ihren Preis, hübscher Junge. Die hat ihren Preis. – Was fehlt dir? Was fehlt dir? Ich kann eine Kröte im Mörser zerstoßen und Brühe daraus brauen. Kann diese Brühe mit eines toten Mannes Hand umrühren. Spritzest du sie auf deinen Feind, wenn er schläft, so wird er sich in eine schwarze Viper verwandeln und die Mutter, die ihn gebar, wird ihn vertilgen. Mit einem Spinnrad kann ich den Mond vom Himmel ziehen und kann dir den Tod im Spiegel zeigen. – Was fehlt dir? Was fehlt dir? Nenne mir deinen Wunsch, und ich will ihn dir erfüllen, und du wirst mir den Preis zahlen, süßer Knabe, du wirst den Preis zahlen.«

»Mein Wunsch steht nur nach einem einfachen Dinge«, sprach der junge Fischer, »doch hat mir der Priester darüber gezürnt und mich davongejagt. Nach einem einfachen Dinge nur steht mein Wunsch; doch haben mich die Kaufleute verhöhnt und es mir verweigert. Drum bin ich zu dir gekommen, wenngleich dich die Menschen böse schelten. Und welchen Preis du auch fordern magst: Ich will ihn bezahlen.«

»Und was wünschest du?«, fragte die Hexe und trat dicht an ihn heran.

»Ich möchte meine Seele fort von mir haben«, erwiderte der junge Fischer.

Die Hexe erbleichte und schauderte, und verhüllte das Angesicht mit ihrem blauen Mantel. »Schöner Knabe«, murmelte sie, »du verlangst Entsetzliches.«

Er schüttelte die braunen Locken und lachte. »Ich brauche meine Seele nicht«, erwiderte er. »Ich kann sie nicht sehen, ich kann sie nicht berühren, ich kenne sie nicht.«

»Was willst du mir geben, wenn ich dir das Mittel dazu zeige?«, fragte die Hexe und blickte ihn verlangend an mit ihren schönen Augen.

»Fünf Stücke Goldes«, sprach er, »die Hütte aus Schilfrohr, worin ich lebe, und den bemalten Kahn, worin ich segle und fische. Nur sage mir, wie ich ledig meiner Seele werden kann. Ich will dir alles geben, was ich irgend besitze.«

Sie lachte höhnisch auf und traf ihn mit dem Zweig des Schierlings. »Ich kann die Blätter des Herbstes in Gold verwandeln«, erwiderte sie, »ich kann die bleichen Mondstrahlen zu Silber spinnen, wenn ich will. Er, dem ich diene, ist reicher als alle Könige der Erde und beherrscht ein jedes ihrer Länder.«

»Was aber soll ich dir geben«, rief er, »wenn dein Preis nicht Silber ist noch Gold?«

Die Hexe glättete sein Haar mit ihren schmalen weißen Händen: »Tanzen sollst du mit mir, schöner Knabe«, flüsterte sie und lächelte ihm zu, indem sie sprach.

»Und sonst nichts?«, rief der junge Fischer verwundert und sprang auf die Füße.

»Sonst nichts«, entgegnete sie. Und wieder lächelte sie.

»So wollen wir bei Sonnenuntergang an heimlicher Stelle miteinander tanzen«, sprach er. »Und haben wir getanzt, so wirst du mir verraten, was mich zu wissen verlangt.«

Sie schüttelte den Kopf. »Erst wenn der Mond voll! Erst wenn der Mond voll!«, flüsterte sie. Dann spähte sie im Kreise umher und lauschte. Ein blauer Vogel stieg kreischend von seinem Neste auf und kreiste über die Dünen, und drei bunte Vögel rauschten durch das harte graue Gras und schrien einander zu. Kein Laut war sonst hörbar, außer dem Rauschen der Wogen, die sich stöhnend auf dem glatten Kieselgrunde wälzten. Da streckte sie die Hand aus und zog ihn eng an sich heran und legte ihre heißen Lippen dicht an sein Ohr.

»Heute nacht sollst du mit mir auf den Bergesgipfel kommen«, flüsterte sie, »es ist Sabbat und Er wird dort sein.«

Der junge Fischer erschrak und sah sie an. Doch sie wies ihm die weißen Zähne und lachte.

»Wer ist Er, von dem du sprichst?«, fragte er.

»Was kümmert dich das?« erwiderte sie. »Komm heute Nacht! Unter den Ästen der weißen Buche sollst du stehen und auf mein Kommen warten. Läuft ein schwarzer Hund auf dich zu, schlag ihn mit einer Weidenrute, darauf wird er von dir weichen. Schreit eine Eule dir zu, gib ihr keine Antwort. Sobald der Mond voll ist, will ich bei dir sein. Dann wollen wir zusammen im Grase tanzen.«

»Doch schwörst du mir zu sagen, wie ich meine Seele von mir abtun kann?«, fragte er dawider.

Sie trat in das volle Sonnenlicht hinaus und durch ihr rotes Haar wehte der Wind. »Bei den Hufen des Bockes schwöre ich es!«, gab sie zur Antwort.

»Du bist die beste aller Hexen«, rief der junge Fischer, »drum will ich auch wahrlich heute mit dir auf dem Bergesgipfel tanzen. Ich wollte zwar, du hättest Gold oder Silber von mir erbeten, doch soll dir der Preis werden, nach dem du verlangest, weil es ja nur ein ganz geringer Preis ist.«

Er lüftete die Mütze und neigte tief das Haupt vor ihr und lief zurück in die Stadt, von großer Freude erfüllt.

Und die Hexe blickte ihm nach, wie er so lief. Und als er ihr aus den Augen entschwunden war, trat sie wieder in die Höhle, nahm einen Spiegel aus einem Kistchen von geschnitztem Zedernholze, setzte ihn auf ein Gestell und verbrannte auf glühender Kohle Eisenkraut davor und starrte in die Ringel des Rauches. Und nach einer Weile presste sie zornig die Hände ineinander. »Er hätte mein sein sollen!«, stieß sie leise hervor. »Ich bin so schön wie sie.«

5.

Am Abend, als der Mond aufgestiegen war, kletterte der junge Fischer den Berggipfel hinan und stellte sich wartend unter die Äste der Weihbuche. Wie ein Schild spiegelglatten Metalles ruhte das Meer zu seinen Füßen und durch die kleine Bucht huschten die Schatten der Fischerboote. Eine große Eule mit gelben Schwefelaugen rief ihn bei Namen, er aber antwortete nicht. Ein schwarzer Hund lief auf ihn zu und fletschte die Zähne, er schlug ihn mit einer Weidenrute und winselnd sprang er davon.

Um Mitternacht kamen die Hexen wie Fledermäuse durch die Luft geflattert. »Pfui!«, kreischten sie, als sie den Boden berührten. »Ein Fremder ist hier.« Und sie schnüffelten herum und schwatzten miteinander, und gaben sich Zeichen. Als letzte aber kam die junge Hexe, und ihr Rothaar wehte im Winde. Sie trug ein goldgewebtes Gewand, das mit Pfauenaugen bestickt war, und ein Käppchen aus grünem Sammet auf ihrem Haupte.

»Wo ist er? Wo ist er?«, gellten die Hexen, als sie die junge erblickt hatten. Sie aber lachte nur auf und lief auf die Weißbuche zu, nahm den jungen Fischer an der Hand und führte ihn hinaus ins helle Mondlicht und fing mit ihm zu tanzen an.

In rasendem Wirbeltanze drehten und drehten sie sich, und die junge Hexe sprang so hoch, dass er die scharlachenen Hacken ihrer Schuhe sehen konnte. Da drang, mitten in den Tanz hinein, der Laut schnelleilender Hufe. Doch kein Pferd ward sichtbar, und er fürchtete sich.

»Schneller!«, rief die Hexe und sie schlang die Arme um seinen Hals und ihr Atem brannte auf seinem Antlitz. »Schneller! Schneller!«, rief sie und die Erde ward unter seinen Füßen wie ein fliegendes Spinnrad, und seine Gedanken trübten sich und eine große Angst befiel ihn, als starre Böses ihn an. Und zuletzt sah er, dass unter dem Schatten des Felsens eine Gestalt stand, die vorher nicht dagewesen war.

Es war ein Mann in einem schwarzen Sammetgewande, das nach spanischer Art zugeschnitten war. Sein Gesicht war seltsam bleich. Seine Lippen aber waren wie eine stolze rote Blume. Er schien müde und lehnte sich zurück, achtlos mit dem Knopfe seines Dolches spielend. Auf dem Grase neben ihm lag ein Federhut und ein Paar Reiterhandschuhe mit goldenen Spitzen besetzt und mit Perlen bestickt, die sich zu einem seltsamen Symbole aneinanderreihten. Ein kurzer, zobelgefütterter Mantel hing ihm von der Schulter, und seine zarten weißen Hände waren ringübersät. Schwere Lider beschatteten seine Augen.

Der junge Fischer sah und sah ihn an wie einer, den ein Zauber hält. Endlich trafen sich ihre Blicke und wohin er auch tanzte, immer fühlte er die Augen des Mannes auf sich ruhen. Er hörte die Hexe lachen, fasste sie um den Leib und drehte sie in immer tollerem Wirbel.

Plötzlich blaffte ein Hund im Walde, und die Tänzer hielten inne und traten je zu zweit vor den Mann hin, knieten nieder und küssten ihm die Hand. Während sie dies taten, glitt ein leises Lächeln um seine stolzen Lippen, wie Vogelschwingen über Wasser gleiten und es lächeln machen. Aber es lag Verachtung darin, und unaufhörlich sah er den jungen Fischer an.

»Komm, lass uns anbeten!«, flüsterte die Hexe und sie nahm ihn bei der Hand, und ein heißes Verlangen, zu tun wie sie sprach, ergriff ihn. Er folgte ihr. Doch als er näher hintrat, ohne zu wissen weshalb, schlug er auf seiner Brust das Kreuzzeichen und rief den heiligen Namen an.

Kaum hatte er dies getan, so kreischten die Hexen wie Falken auf und flogen von dannen, und das bleiche Gesicht, das ihn ansah, zuckte in einem Krampf des Schmerzes. Der Mann schritt auf ein kleines Gehölz zu und pfiff, worauf ihm eine silbergezäumte Stute entgegenlief. Und als er auf ihren Rücken sprang, wandte er sich nochmals um und blickte den jungen Fischer traurig an. Auch die Hexe mit dem roten Haar versuchte fortzufliegen, aber der Fischer erhaschte sie beim Handgelenk und hielt sie fest.

»Gib mich frei«, rief sie, »und lass mich gehen! Hast du doch genannt, was nicht genannt werden darf, und das Zeichen gemacht, was wir nicht ansehen dürfen.«

»Nicht doch«, erwiderte er, »nicht lass ich dich, eh du mir das Geheimnis verraten hast.«

»Welches Geheimnis?«, sprach die Hexe und rang mit ihm wie eine wilde Katze und biss sich in die schaumbedeckten Lippen.

»Du weißt es«, antwortete er.

Ihre grasgrünen Augen wurden tränenschwer und sie sprach zum jungen Fischer: »Verlange von mir was immer du willst, nur das nicht.«

Er lachte und hielt sie nur um so fester.

Und als sie sah, dass sie sich nicht zu lösen vermochte, flüsterte sie ihm zu: »Sag, bin ich nicht auch so schön wie die Tochter des Meeres und so begehrenswert wie jene, die in den blauen Wassern wohnt?« Und sie schmiegte sich an ihn und lehnte ihr Antlitz an das seine.

Er aber stieß sie stirnrunzelnd von sich und sprach: »Brichst du das Versprechen, das du mir gegeben hast, so erschlage ich dich, du falsche Hexe!«

Sie wurde grau wie eine Blume am Judasbaume und erschauerte. »Sei's denn!«, murmelte sie, »es ist ja deine Seele und nicht meine. Tu, was du willst mit ihr.« Und sie zog aus dem Gürtel ein kleines Messer, dessen Griff mit grüner Vipernhaut bespannt war, und gab es ihm.

»Was soll mir das?«, fragte er sie verwundert.

Einen Augenblick lang schwieg sie, und ein Ausdruck des Entsetzens glitt über ihr Gesicht. Dann strich sie sich das Haar aus der Stirne, und seltsam lächelnd sprach sie: »Was die Menschen den Schatten des Körpers nennen, ist der Schatten des Körpers nicht, sondern der Körper der Seele. Gehe hinab an das Ufer der See und wende deinen Rücken dem Monde zu und schneide rings um deine Füße den Schatten ab, der deiner Seele Körper ist, und heiße deine Seele dich verlassen, so wird sie es tun.«

Der junge Fischer zitterte. »Sprichst du wahr?«, jubelte er.

»Ich sprach wahr. Und ich wollte, ich hätte es dir nicht gesagt!«, rief sie und umfing schluchzend seine Knie.

Er schob sie von sich und ließ sie im hohen Grase liegen, steckte das Messer in seinen Gürtel, schritt an den Rand des Berges und begann hinabzuklettern.

Und die Seele in ihm rief und sprach: »Höre! ich habe jahrelang in dir gewohnt und dir gedient. Schicke mich jetzt nicht von dir! Denn was hab ich dir Böses getan?«

Und der junge Fischer lachte: »Du hast mir nichts Böses getan, doch brauche ich dich nicht. Die Welt ist weit. Auch gibt es einen Himmel und eine Hölle und jenes dämmerdunkle Zwielichthaus, das zwischen beiden liegt. Geh, wohin du willst, aber störe mich nicht mehr, denn mich ruft meine Liebe.«

Und seine Seele flehte ihn jammernd an, er aber achtete ihrer nicht, sondern sprang von Klippe zu Klippe, sicher auf den Füßen, wie eine wilde Ziege, und endlich kam er auf flachen Grund zu stehen, am gelben Ufer des Meeres.

Mit bronzefarbenen ebenmäßigen Gliedern und wie eine Statue von Griechenhand geschaffen, so stand er auf dem Sande, und wandte dem Monde den Rücken zu. Aus dem Meeresschaume aber streckten sich weiße Arme hervor, die ihm winkten, und aus den Wogen tauchten dunkle Gestalten auf, die ihm huldigten.

Vor ihm lag sein Schatten, der seiner Seele Körper war, und hinter ihm hing der Mond in der honigfarbenen Luft.

Und seine Seele sprach zu ihm: »Musst du mich wirklich von dir treiben, so schicke mich nicht fort ohne ein Herz. Die Welt ist grausam, gib mir dein Herz mit auf den Weg!«

Er schüttelte den Kopf und lächelte. »Womit sollte ich wohl meine Liebste lieben, gäbe ich dir mein Herz?«

»Sprich nicht so! Sei barmherzig«, bat seine Seele, »gib mir dein Herz, denn die Welt ist grausam, und ich fürchte mich.«

»Mein Herz gehört meiner Liebe«, erwiderte er, »und nun zögere nicht länger. Fort mit dir!«

»Soll auch ich nicht lieben?«, stöhnte seine Seele.

»Hebe dich fort, denn ich kann dich nicht mehr brauchen!«, rief der junge Fischer, und er nahm das kleine Messer mit dem Knopf aus grüner Vipernhaut und schnitt den Schatten rings um seine Füße ab. Da erhob sich dieser und stand vor ihm und sah ihn an und glich ihm selbst in allen Dingen.

Er schlich zurück und stieß das Messer in den Gürtel und ein Gefühl des Schauderns überkam ihn. »Hebe dich weg«, murmelte er, »und lass mich dein Antlitz nicht mehr sehen.«

»Sprich nicht so, wir müssen uns wiedersehen«, erwiderte die Seele. Ihre Stimme war leise und flötengleich, und ihre Lippen bewegten sich kaum, wie sie sprach.

»Wie sollten wir uns wiedersehen?«, rief der junge Fischer. »Du wirst mir schwerlich in die Tiefen des Meeres zu folgen vermögen.«

»Alljährlich einmal will ich an diese Stelle kommen und dich rufen«, sprach die Seele, »denn es kann sein, dass du mich dann brauchst.«

»Wie sollte ich dich brauchen«, rief der junge Fischer. »Doch sei es so, wenn du es willst.« Und er tauchte hinab in das Wasser, und die Tritonen bliesen auf ihren Muschel-Hörnern und die kleine Meermaid stieg ihm entgegen, und schlang die Arme um seinen Hals und küsste ihn auf den Mund.

Und die Seele stand am einsamen Ufer und blickte nach ihnen hin. Und als sie im Meere versunken waren, zog sie weinend ihres Weges über das Sumpfland dahin.

6.

Und als ein Jahr verstrichen war, kam die Seele zum Ufer des Meeres herab und rief den jungen Fischer, und er stieg empor aus der Tiefe und sprach: »Warum rufst du mich?«

Und die Seele antwortete: »Komm näher, damit ich zu dir sprechen kann, denn Wunderbares habe ich gesehen.«

Und er kam näher und lagerte sich im seichten Wasser, und lehnte das Haupt auf die Hand und lauschte …

7.

Und die Seele sprach zu ihm:

»Als ich dich verlassen hatte, wandte ich mein Antlitz gen Osten und wanderte. Von Osten kommt alle Weisheit. Sechs Tage lang wanderte ich, und am Morgen des siebenten Tages kam ich an einen Hügel, der im Lande der Tataren liegt. Ich setzte mich in den Schatten eines Tamariskenbaumes, um mich vor der Sonne zu schützen. Das Land war trocken und versengt durch die Hitze. Die Leute schleppten sich über die Ebene hin, gleich den Fliegen, die auf einer Scheibe blanken Kupfers kriechen.

Gegen Mittag stieg eine Wolke roten Staubes am flachen Horizonte des Landes auf. Als sie die Tataren erblickten, spannten sie ihre bemalten Bogen, sprangen auf ihre kleinen Pferde und sprengten ihr entgegen. Die Weiber flohen schreiend in die Wagen und verbargen sich hinter den Fellen, die als Vorhänge dienten.

Um die Dämmerung kamen die Tataren zurück, aber von ihnen fehlten fünf; und von denen, die zurückkamen, waren nicht wenige verwundet. Sie spannten ihre Pferde vor die Wagen und fuhren eilig davon. Drei Schakale kamen aus einer Höhle und spähten ihnen nach. Dann zogen sie die Luft mit den Nüstern ein und trabten in entgegengesetzter Richtung davon.

Als der Mond aufging, ward ich eines Lagerfeuers auf der Ebene gewahr und lenkte den Schritt darauf hin. Auf Teppichen lagerte eine Schar von Kaufleuten. Ihre Kamele waren hinter ihnen an Pfählen festgebunden, und die Neger, die ihre Knechte waren, spannten Zelte aus gegerbten Tierhäuten in dem Sande auf und errichteten einen hohen Zaun aus Stachelbirnen.

Als ich in ihre Nähe kam, erhoben sich die Führer der Kaufleute und zogen das Schwert und fragten nach meinem Begehr. Ich erwiderte, ich wäre ein Fürst in meinem Heimatlande, und sei soeben den Tataren entflohen, die versucht hätten, mich zu ihrem Sklaven zu machen.

Der Häuptling lachte und zeigte mir fünf Köpfe, die an langen Bambusrohren steckten.

Dann fragte er mich, wer Gottes Prophet sei. Ich gab zur Antwort: ›Mohamed.‹

Da er den Namen des falschen Propheten hörte, neigte er sich tief und nahm mich bei der Hand und setzte mich an seine Seite. Ein Neger brachte mir Stutenmilch in einer hölzernen Schale und dazu ein Stück gerösteten Lammfleisches.

Bei Tagesgrauen machten wir uns auf die Reise. Ich ritt auf einem rothaarigen Kamel, dem Häuptling zur Seite, und ein Läufer eilte vor uns her und trug einen Speer hoch in seinen Händen. Zu beiden Seiten schritt das Kriegsvolk, und die Maultiere folgten mit den Warenballen. Es waren im ganzen vierzig Kamele bei der Karawane und der Maultiere waren zweimal vierzig an der Zahl.

Wir zogen vom Lande der Tataren in das Land derer, die dem Monde fluchen. Wir sahen die Greifen im weißen Felsenglast ihr Gold hüten und sahen die schuppigen Drachen in ihren Höhlen schlafen. Als wir über das Gebirge schritten, hielten wir den Atem an, damit sich der Schnee nicht lockere und als Lawine auf uns falle, und jedermann band sich einen Schleier aus Gaze vor die Augen. Als wir durch die Täler zogen, schossen die Zwerge aus hohlen Bäumen mit Pfeilen nach uns, und zur Nachtzeit hörten wir die Wilden ihre dumpfen Trommeln rühren. Als wir zum Turme der Affen kamen, setzten wir ihnen Früchte vor und sie taten uns kein Leid an.

Als wir zu dem Turme der Schlangen kamen, setzten wir ihnen warme Milch in zinnernen Schalen vor, und sie ließen uns vorüberziehen. Dreimal kamen wir auf unserer Reise an die Ufer des Oxus. Wir setzten auf hölzernen Flößen darüber, die wir mit großen Blasen luftgefüllter Häute antrieben. Die Flusspferde wüteten gegen uns und wollten uns töten, aber als sie der Kamele ansichtig wurden, da zitterten sie.

Die Könige jeder Stadt heischten Zoll von uns, doch keiner duldete, dass wir durch die Tore schritten. Über die Mauer herüber warfen sie uns Brot zu, kleine honiggebackene Maiskuchen und allerlei Gebäck aus feinem Mehl mit Datteln gefüllt. Für je hundert Körbe voll gaben wir ihnen eine Bernsteinperle.

Wenn uns die Leute in den Dörfern kommen sahen, vergifteten sie die Brunnen und flohen auf die Hügelhöhen.

Wir kämpften mit den Magadaern, die alt zur Welt kommen und von Jahr zu Jahr jünger werden, und die sterben, wenn sie kleine Kinder sind, und mit den Laktroen, die sich Tigersöhne nennen und sich gelb und schwarz bemalen, und mit den Auranthen, die die Leichen ihrer Toten in den Wipfeln der Bäume begraben, und selber in dunkeln Höhlen wohnen, damit sie die Sonne, die ihr Gott ist, nicht töte, und mit den Krimaniern, die ein Krokodil anbeten und es mit Butter und jungem Geflügel füttern, und mit den Agazonbaten, die Hundeköpfe haben, und mit den Silbanern, die Pferdefüße haben und schneller laufen als Pferde. Ein Drittel unserer Schar fand in der Schlacht den Tod, und ein Drittel starb an Entbehrung. Die übriggebliebenen murrten gegen mich und sagten, ich habe Unheil über sie gebracht. Ich zog eine Hornnatter unter einem Steine hervor und ließ mich von ihr beißen. Als sie sahen, dass ich nicht erkrankte, befiel sie Furcht.

Im vierten Monate erreichten wir die Stadt Illel. Es war Nacht, als wir an den Hain gelangten, der die Mauer umgibt, und die Luft war schwül, denn der Mond stand unter dem Zeichen des Skorpions. Wir pflückten die reifen Granatäpfel von den Bäumen, brachen sie auf und schlürften ihren süßen Saft. Dann lagerten wir uns auf unsere Teppiche und warteten auf den Anbruch der Dämmerung.

Und als es dämmerte, standen wir auf und pochten an das Tor der Stadt. Es war aus Erz getrieben, und zeigte Seeungetüme und geflügelte Drachen in Bronzeguß. Die Wächter schauten von den Wällen herab und fragten nach unserm Begehr. Der Dolmetsch der Karawane antwortete, wir kämen von der syrischen Insel her und brächten viele Waren mit uns. Sie forderten Geiseln und sagten, sie wollten uns das Tor um Mittag öffnen, und hießen uns bis dahin warten.

Als es Mittag war, öffneten sie das Tor, und indem wir einzogen, liefen die Leute in Scharen aus den Häusern, um uns zu sehen, und ein Marktschreier ging durch die ganze Stadt

und blies auf einer Muschel. Wir standen auf dem Marktplatz und die Neger banden die Ballen bunten Tuches auf
und öffneten die geschnitzten Truhen aus Sykomore, und
als sie mit ihrer Arbeit fertig waren, zogen die Kaufleute ihre
seltenen Schätze hervor: das schneeige Linnen aus Ägypten
und das farbenprunkende Linnen aus dem Lande der Äthi-
opier, die purpurnen Schwämme von Tyrus und die blau-
en Tapeten aus Sidon, die kühlen Bernsteinschalen und die
schönen Gefäße aus Glas und die seltsamen Gefäße aus gebranntem Ton. Vom Dache eines Hauses herab beobachtete
uns eine Schar Frauen. Eine der Frauen trug eine Maske von
vergoldetem Leder. Und am ersten Tage kamen die Priester
und trieben Tauschhandel mit uns, und am zweiten Tage kamen die Edelleute, und am dritten Tage kamen die Arbeiter
und die Sklaven. Und so ist dies in ihrem Lande Kaufleuten
gegenüber Brauch, solange diese in der Stadt verweilen.

Wir aber verweilten einen ganzen Monat lang. Und als
der Mond schwand, wurde ich müde und wanderte durch
die Straßen der Stadt und kam an die Gärten ihres Gottes.
Dort glitten die Priester in ihren gelben Gewändern lautlos
zwischen den grünen Bäumen hin, und auf einem schwarzen
Marmorpflaster stand das rosenrote Haus, worin die Gottheit ihre Wohnung hat. Die Türen waren aus goldbestaub-
tem Lack, und Stiere und Pfauen waren in leuchtendem
Gold und erhabener Arbeit darauf abgebildet. Das getäfelte
Dach war aus meergrünem Porzellan und die hervorsprin-
genden Dachtraufen waren mit kleinen Glöcklein behängt,
und wenn die weißen Tauben daran vorüberflatterten, so
berührten sie die Glöcklein mit ihren Schwingen, sodass sie
erklangen.

Vor dem Tempel lag ein Becken klaren Wassers, das mit
geädertem Onyx ausgelegt war. Ich lagerte mich an seinen
Rand und strich mit meinen weißen Fingern über die breiten

Blätter hin. Da kam einer der Priester auf mich zu und trat hinter mich. Er trug an den Füßen Sandalen, von denen die eine aus weicher Schlangenhaut, die andere aus Vogelgefieder war. Auf seinem Kopfe thronte eine Mitra aus schwarzem Filz mit silbernen Halbmonden besät. Siebenfaches Gelb war in sein Kleid gewoben und auch fein gekräuseltes Haar war mit Antimon gefärbt.

Nach einer kleinen Weile sprach er mich an und fragte nach meinem Begehr.

Ich sagte ihm, dass ich die Gottheit zu sehen begehre.

›Die Gottheit ist auf der Jagd‹, sprach der Priester und blickte mich seltsam mit schmalen geschlitzten Augen an.

›Sage mir, in welchem Walde, so will ich mit ihr reiten‹, erwiderte ich. Er kämmte die weichen Fransen seiner Tunika mit seinen langen spitzigen Fingern glatt und murmelte: ›Die Gottheit schläft.‹

›Sage mir, auf welchem Lager, so will ich bei ihr wachen‹, erwiderte ich.

›Die Gottheit ist beim Festmahl!‹, rief er.

›Ist der Wein süß, so will ich mit ihr trinken, und schmeckt er bitter, so will ich gleichfalls mit ihr trinken‹, war meine Antwort.

Er neigte voll Staunen den Kopf und griff nach meiner Hand und zog mich empor, und führte mich in den Tempel.

Und im ersten Gemache sah ich ein Götzenbild auf einem Throne von Jaspis sitzen, den ein Kranz von großen orientalischen Perlen umsäumte. Das Bild war aus Elfenbein geschnitzt und seine Gestalt glich der Gestalt eines Mannes. Auf seiner Stirn saß ein Rubin und dickes Öl tropfte aus seinem Haare auf die Schenkel nieder. Seine Füße waren vom Blute eines frisch geschlachteten Lammes rotbenetzt und um seine Lenden gürtete sich ein kupferner Gurt, der mit sieben Beryllen besetzt war.

Und ich sprach zum Priester: ›Ist dies der Gott?‹ Und er erwiderte: ›Dies ist der Gott.‹

›Zeige mir den Gott‹, rief ich, ›oder wahrlich, ich töte dich.‹ Und ich berührte seine Hand und sie wurde welk.

Und der Priester flehte und sprach: ›Es heile der Herr seinen Knecht, und ich will ihm den Gott zeigen.‹

Da hauchte ich mit meinem Atem auf seine Hand, und sie ward wieder stark, er aber zitterte und führte mich in ein zweites Gemach, und ich sah ein Götzenbild in einem aus Nephriten gebildeten Lotuskelche, der mit großen Smaragden besetzt war. Es war aus Elfenbein geschnitzt und seine Größe war eine doppelte Mannesgröße. An seiner Stirne hing ein Chrysolith und seine Brust war mit Myrrhen und Zimmet geölt. In einer Hand hielt es einen krummen Zepter aus Nephriten und in der anderen einen runden Kristall. Seine Füße waren mit Kupfer umhüllt und sein dicker Hals war mit einem Bunde Selenithen umwunden.

Und ich sprach zum Priester: ›Ist dies der Gott?‹ Und er erwiderte: ›Dies ist der Gott.‹

›Den Gott zeige mir‹, rief ich, ›oder wahrlich, ich morde dich.‹ Und ich berührte seine Augen, da wurden sie blind.

Und der Priester flehte und sprach: ›Es heile der Herr seinen Knecht und ich will ihm den Gott zeigen.‹

Da hauchte ich mit meinem Atem auf seine Augen und ihnen kam das Licht wieder. Und er erzitterte von neuem und führte mich in das dritte Gemach. Und siehe! Kein Götzenbild stand darin, noch sonst ein Bildnis – nur ein Spiegel von rundem Metall, auf einem Altare von Stein.

Und ich sprach zum Priester: ›Wo ist der Gott?‹

Und er antwortete mir: ›Wir haben keinen Gott. Nur diesen Spiegel, den du siehst, denn dies ist der Spiegel der Weisheit, und er spiegelt alle Dinge wieder, die im Himmel und auf Erden sind, nur das Gesicht dessen nicht, der hineinschaut. Dieses spiegelt er nicht wieder, damit der, der hineinschaut, weise sei. Es gibt viele andere Spiegel, aber sie sind die Spiegel der Meinungen. Dieser nur ist der Spiegel der Weisheit. Und jene, die diesen Spiegel ihr eigen nennen, wissen jedes Ding, noch gibt es irgendwie Verborgenes für sie. Und jene, die ihn nicht ihr eigen nennen, missen die Weisheit. Darum ist dies der Gott und darum beten wir ihn an.‹ Und ich blickte in den Spiegel, und es war, wie er gesprochen hatte.

Und ich tat Seltsames. Doch ist meine Tat ohne Belang, denn in einem Tale, das nur eine Tagesreise fern von hier liegt, habe ich den Spiegel der Weisheit verborgen. Nimm mich wieder in dich auf, lass mich dir dienen, und du sollst weiser sein als alle Weisen, und die Weisheit selbst wird dein sein. Nimm mich wieder in dich auf, und keiner wird dir an Weisheit gleichen.«

Der junge Fischer aber lachte. »Liebe ist hehrer als Weisheit«, rief er, »und die kleine Meermaid liebt mich.«

»Sprich nicht so! Es gibt nichts, das der Weisheit gliche«, sprach die Seele.

»Liebe ist hehrer«, erwiderte der junge Fischer, und er tauchte in die Tiefe und schluchzend zog die Seele ihres Weges – über das Sumpfland dahin.

8.

Und als das zweite Jahr verstrichen war, stieg die Seele wieder zum Ufer des Meeres hinab und rief den jungen Fischer, und er kam aus der Tiefe und sprach: »Was rufest du mich?«

Und die Seele erwiderte: »Komm näher, dass ich mit dir sprechen kann, denn Wunderbares habe ich gesehen.«

Und da kam er näher und lagerte sich im seichten Wasser und lehnte das Haupt auf die Hand und lauschte …

9.

Und die Seele sprach zu ihm:

»Als ich dich verlassen hatte, wandte ich das Antlitz nach Süden und wanderte. Aus dem Süden kommt jede Kostbarkeit. Sechs Tage lang zog ich die Landstraßen dahin, die zur Stadt Asthar führen, die staubigen, rotgefärbten Landstraßen dahin, wo die Pilger entlangziehen, und am Morgen des siebenten Tages erhob ich meine Augen, und siehe: Zu meinen Füßen lag die Stadt, denn sie liegt in einem Tale.

Neun Tore führen in diese Stadt und vor jedem Tore steht ein Pferd aus Erz, das laut zu wiehern beginnt, wenn die Beduinen aus den Bergen talnieder schleichen. Die Mauern sind kupfergefasst und die Dächer auf den Wachttürmen erzgedeckt. In jedem Turme steht ein Bogenschütze, dessen Hand den Bogen hält. Bei Sonnenaufgang schlägt er mit seinem Pfeile an ein Schallbecken, und bei Sonnenuntergang bläst er durch ein Stierhorn.

Als ich eintreten wollte, hielten mich die Wachen an und fragten, wer ich wäre. Ich gab zur Antwort, dass ich ein Derwisch wäre und auf dem Weg nach Mekka begriffen sei, wo es einen grünenen Schleier gäbe, worauf der Koran von Engel-Hand in Silberlettern gestickt sei. Da staunten sie gewaltig und baten mich einzutreten.

Drinnen aber geht es zu wie in einem Basar. Wahrlich, du hättest an meiner Seite sein sollen: Durch die engen Straßen flattern gleich lustigen großen Schmetterlingen Laternen aus Papier. Bläst der Wind über die Dächer, so steigen und fallen sie wie buntschillernde Seifenblasen. Vor ihren Läden sitzen die Kaufleute auf seidenen Teppichen. Sie tragen gradegeschnittene schwarze Bärte, und ihre Turbane sind mit Goldzechinen übersät und lange Ketten aus Bernstein und geschnittenen Pfirsichsteinen gleiten durch ihre kalten Finger. Einige von ihnen verkaufen Galbanum und Narben und seltsame Wohlgerüche von den Inseln des indischen Ozeans, und zähflüssiges Öl roter Rosen und Myrrhen und winzige, nagelförmige Nelken. Macht man halt, um mit ihnen zu reden, so werfen sie kleine Stückchen Weihrauch auf ein Kohlenbecken und durchsüßen die Luft. Einen Syrier hab ich gesehen, der in der Hand eine dünne Rute hielt, die einem Rohre glich. Graue Rauchfäden wanden sich daraus empor, und da sie brannte, glich ihr Duft der rosenfarbenen Mandelblüte im Maimond. Andere verkaufen silberne Armspangen, die über und über mit milchblauen Türkisen prunken, und metallene Knöchelspangen, die mit winzigen Perlen befranst sind, und goldgefasste Tigerklauen und die gleichfalls goldgefassten Klauen jener goldgebräunten Katze, des Leoparden, und Ohrringe aus durchlöcherten Smaragden, und Fingerringe aus gehöhlten Nephriten. Aus den Teehäusern weht der Klang der Gitarre und die Opiumraucher blicken mit weißen, starrlächelnden Gesichtern auf die Vorübergehenden heraus.

Wahrlich! wahrlich! Du hättest bei mir sein sollen. Die Weinverkäufer erkämpfen sich mit den Ellbogen den Weg durch die Menge, und tragen große schwarze Schläuche auf ihren Schultern. Die meisten verkaufen Wein aus Schiras, der so süß ist wie Honig. Sie schenken ihn in kleine Metallschalen ein und streuen Rosenblätter darüber. Auf dem Marktplatze stehen die Obstverkäufer, die aller Art Früchte verkaufen: reife Feigen mit wundblutendem Fleische, Melonen, die nach Moschus duften und gelb sind wie Topase. Zitronen und Rosenäpfel und Bündel weißer Trauben, runde, rötlichgoldene Orangen und längliche Zitronen aus grünlichem Gold. Einmal sah ich einen Elefanten vorüberwandeln. Sein Rüssel war mit Karmin und Gelbwurz gefärbt und über seine Ohren war ein Netz hellroter Seidenschnüre gezogen. Er stand vor einer der Buden still und fing an, die

Orangen zu nehmen und zu verzehren, und der Mann lachte nur dazu. Du kannst dir nicht vorstellen, welch seltsames Volk dies ist. Fühlen sie sich froh, so gehen sie zu einem Vogelverkäufer und kaufen von ihm einen gefangenen Vogel und schenken ihm die Freiheit, damit ihre Freude größer sei. Und sind sie traurig, so geißeln sie sich mit Dornen, damit ihr Gram nicht geringer werde und nachlasse.

Eines Abends stieß ich auf einen Trupp Neger, die eine schwere Sänfte durch den Basar trugen. Sie war aus vergoldetem Bambusrohre, und die Stangen waren aus hellrotem Lack, mit erzenen Pfauen eingelegt. Vor den Fenstern hingen zartduftige Vorhänge aus Musselin, die mit Käferflügeln und winzigen Perlen bestickt waren. Und wie die Sänfte vorüberzog, sah eine bleiche Zirkassin heraus und lächelte mir zu. Ich folgte, und die Neger beschleunigten die Schritte und murrten. Ich aber achtete dessen nicht. Ich fühlte in mir eine große Neugier erwachen.

Endlich hielten sie vor einem viereckigen weißen Hause. Es hatte keine Fenster, nur eine kleine Tür, die der Türe eines Grabes glich. Sie setzten die Sänfte nieder und klopften dreimal mit einem kupfernen Hammer an. Ein Armenier in einem Kaftan aus grünem Leder spähte durch das Türfenster, und da er sie erblickte, öffnete er und breitete einen Teppich auf den Boden, und die Frau stieg aus. Beim Hineingehen wandte sie sich um und lächelte mir wieder zu. Ich hatte nie jemand gesehen, der so bleich war. Als der Mond aufging, kehrte ich zur selben Stelle zurück und suchte nach dem Hause. Doch es stand nicht länger an der Stelle. Als ich das sah, wusste ich, wer die Frau war und warum sie mir zugelächelt hatte.

Wahrlich, du hättest mit mir sein sollen. Am Feste des jungen Mondes trat der junge Kaiser aus seinem Palaste hervor und schritt in die Moschee, um dort zu beten. Sein Haar und sein Bart waren mit Rosenblättern gefärbt, und seine Wangen mit feinem Goldstaub überpudert. Die Flächen seiner Hände und seiner Füße waren gelb von Safran.

Bei Sonnenaufgang trat er aus seinem Palaste hervor in einem Gewande von Silber, und bei Sonnenuntergang kehrte er dahin zurück in einem Gewande von Gold.

Das Volk warf sich auf die Erde vor ihm und verhüllte das Angesicht. Ich aber wollte das nicht tun. Ich stand bei dem Bretterverschlage eines Dattelhändlers und wartete. Als der Kaiser meiner gewahr wurde, zog er die gemalten Augenbrauen in die Höhe und hielt in seinem Wege inne. Ich verharrte regungslos und erwies ihm keine Huldigung. Das Volk staunte ob meiner Kühnheit und riet mir, aus der Stadt zu fliehen. Ich achtete ihrer nicht, sondern ging hin und setzte mich zu den Verkäufern fremder Götter, zu den Leuten, die man um ihres Gewerbes willen verabscheut. Und als ich ihnen erzählte, was ich getan hätte, schenkte mir jeder von ihnen einen Gott und bat mich, von ihm zu gehen.

In jener Nacht, da ich in dem Teehause, das in der Granatapfelbaumstraße steht, auf einem Kissen ruhte, kamen die Wachen des Kaisers und führten mich in sein Schloss. Kaum dass ich es betreten hatte, schlossen sie Tür um Tür hinter mir ab und legten eine Kette davor. Im Innern befand sich ein großer Hof mit Säulengängen. Die Wände waren aus weißem Alabaster, hier und dort mit blauen und grünen Ziegeln eingelegt. Die Säulen waren aus grünem Marmor, und das Pflaster aus einer Art pfirsichblütenfarbenen Marmors. Ich hatte niemals Ähnliches gesehen.

Wie ich durch den Hof ging, schauten von einem Altan zwei verschleierte Frauen herab und fluchten mir. Die Wachen hasteten vorbei, und die Schäfte ihrer Lanzen dröhnten auf dem spiegelglatten Pflaster. Sie öffneten eine Tür aus gedrechseltem Elfenbein, und ich befand mich in einem wasserreichen Garten, der sieben Terrassen hatte. Er war mit Tulpen und Mohnblumen und silberknospigen Aloen bepflanzt. Gleich einer schlanken Säule aus Kristall hing ein Springbrunnen im Dämmer der Luft. Die Zypressen glichen erloschenen Fackeln. Aus dem Gipfel der einen sang eine Nachtigall hernieder.

Am Ende des Gartens stand ein kleines Zelt. Als wir uns näherten, traten zwei Eunuchen daraus hervor und schritten uns entgegen. Ihre fetten Bäuche wackelten wie sie gingen, und sie spähten mit ihren gelbgeliderten Augen neugierig nach mir herüber.

Einer von ihnen nahm den Hauptmann der Wache beiseite und flüsterte leise mit ihm. Der andere kaute indessen duftende Pastillen, die er mit gezierter Handbewegung einer länglichen Dose von lilafarbigem Email entnahm.

Kaum waren einige Augenblicke verstrichen, so verabschiedete der Hauptmann der Wache die Soldaten. Sie gingen zum Palast zurück. Die Eunuchen folgten ihnen langsam und pflückten im Vorübergehen die süßen Maulbeeren von den Bäumen. Einmal drehte sich der Ältere der beiden um und lächelte mir mit unheildeutendem Grinsen zu.

Dann winkte mich der Hauptmann der Wache an den Eingang des Zeltes heran. Ohne zu zittern schritt ich hin, lüftete den schweren Vorhang und trat ein.

Da lag der junge Kaiser hingestreckt auf ein Lager gefärbter Löwenfelle, und ein Falke hockte auf seiner Faust. Hinter ihm stand ein Nubier mit steifem Turban, bis zu den Hüften nackt, in den gespaltenen Ohren schwere Goldgehänge. Auf einem Tische neben dem Lager des jungen Monarchen ruhte ein mächtiger Pallasch aus Stahl.

Als mich der Kaiser erblickte, zog er die Stirne kraus und sprach: ›Wie nennst du dich? Weißt du nicht, dass ich Kaiser bin in dieser Stadt?‹

Ich aber gab keine Antwort.

Er deutete mit dem Finger auf den Pallasch, und der Nubier ergriff ihn und stürzte vor und hieb nach mir mit großer Wucht. Die Schneide sauste auf mich nieder und tat mir kein Leid. Der Mann stürzte zappelnd zu Boden und wie er wieder aufstand, schlugen seine Zähne vor Grauen aufeinander, und er verbarg sich hinter der Lagerstätte seines Gebieters.

Der Kaiser sprang auf die Füße und nahm von einem Waffenstande seine Lanze und warf sie nach mir. Ich fing sie im Fluge auf und brach den Schaft entzwei. Er schoss nach mir mit einem Pfeil, ich aber hob die Hände: Da blieb er in den Lüften hängen. Dann zog er aus einem Gürtel weißen Leders seinen Dolch und grub ihn dem Nubier tief in den Hals, damit der Sklave nichts erzählen könne von der Schande seines Fürsten. Der Mann krümmte sich wie eine zertretene Natter und roter Schaum sickerte ihm von den Lippen.

Sobald er tot war, wandte sich der Kaiser zu mir. Und als er sich den hellen Schweiß mit einem Tüchlein aus purpurgestickter Seide von der Stirne gewischt hatte, sprach er zu mir: ›Bist du ein Prophet, weil ich dich nicht töten kann, oder der Sohn eines Propheten, weil ich dich nicht zu verwunden vermag? Ich bitte dich, meide noch heute nacht meine Stadt, denn da du in ihr wohnest, bin ich hier nicht Herr.‹

Und ich erwiderte ihm: ›Für die Hälfte deiner Schätze will ich gehen. Gib mir die Hälfte deiner Schätze, so werde ich von hinnen gehen.‹

Er nahm mich bei der Hand und führte mich in den Garten. Als der Hauptmann der Leibwache meiner ansichtig wurde, staunte er. Als die Eunuchen meiner ansichtig wurden, zitterten ihre Knie und sie stürzten voll Angst zu Boden.

Das Schloss birgt ein Gemach, das Wände aus rotem Porphyr hat und eine erzgeschuppte Decke, von der die Lampen herniederhängen.

Der Kaiser berührte eine der Wände und sie öffnete sich, und wir gingen einen Gang entlang, der von vielen Fackeln erleuchtet war. Rechts und links in Nischen standen hohe Weinkrüge, bis an den Rand mit Silberstücken gefüllt. Als wir die Mitte des Ganges erreicht hatten, sprach der Kaiser jenes Wort, das sonst keiner sprechen darf. Alsobald sprang, von geheimer Feder gelöst, ein granitenes Tor auf, und er verhüllte die Augen mit seinen Händen, damit ihm die Augen nicht geblendet würden.

Du vermagst wohl kaum zu ahnen, welch ein Wunderort dies war: Da lagen Riesenschalen von Schildkrot, mit Perlen angehäuft, und große ausgehöhlte Mondsteine, worin sich rote Rubinen zu förmlichen Bergen türmten. Das Gold stand in hohen Truhen aus Elefantenhaut aufgespeichert und Goldstaub ruhte in ledernen Flaschen. Da gab es Opale und Saphire, Opale in kristallenen Schalen, Saphire in Nephritschalen. Runde grüne Smaragden waren auf dünnen Elfenbeinplatten hochgeschichtet und in einer Ecke reihten sich seidene, strammgefüllte Säcke, einige voll mit Türkisen, andere mit Beryllen. Die elfenbeinernen Hörner waren mit purpurnen Amethysten angefüllt und die Hörner aus Erz mit Chalzedonen und Sarden. Die Pfeiler aus Zedernholz bogen sich fast unter den schweren Schnüren gelber Luchssteine. In den flachen länglichen Schilden häuften sich Karfunkel, einige von Farbe des Weines, andere von Farbe des Grases. Mit alldem aber habe ich dir kein Teilchen all dessen geschildert, was da vorhanden war.

Und als der Kaiser die Hände vom Gesicht gezogen hatte, sprach er zu mir: ›Dies ist mein Schatzhaus und die Hälfte von allem sei dein, so wie ich dir verhieß. Auch will ich dir Kamele und Kameltreiber schenken und sie sollen tun nach deinen Worten und deinen Teil des Schatzes tragen, wohin du auch zu gehen verlangst. Aber noch heute Nacht soll dies alles geschehen, denn ich möchte nicht, dass die Sonne, die mein Vater ist, schaue, wie in meiner Stadt ein Mann lebt, den ich nicht zu töten vermag.‹

Ich aber erwiderte ihm: ›Das Gold, das hier liegt, bleibe dein, und auch das Silber bleibe dein. Dein auch mögen die kostbaren Juwelen bleiben und die anderen unbezahlbaren Gegenstände. Ich trage nach all diesem nicht Begehr. Auch will ich nichts von dir nehmen, als diesen kleinen Ring vom Finger deiner Hand.‹

Und der Kaiser furchte die Stirne. ›Es ist nur ein Ring aus Blei‹, rief er, ›und hat keinerlei Wert. Drum nimm, was von dem Schatze dein ist und meide meine Stadt.‹

›Nein‹, erwiderte ich. ›Nichts anderes will ich nehmen, als diesen Ring aus Blei. Weiß ich doch, was drauf geschrieben steht und was es bedeutet.‹

Da bebte der Kaiser, und blickte mich an und sprach: ›Nimm alle meine Schätze und meide meine Stadt. Auch die Hälfte, die noch mein ist, soll die deine sein.‹

Ich aber tat Seltsames. Doch nicht davon will ich sprechen, denn: In einer Höhle, eine Tagesreise von hier entfernt, habe ich den Ring des Reichtums geborgen. Eine Tagesreise von hier entfernt, liegt er versteckt und harret dein. Wer diesen Ring sein eigen nennt, ist reicher, als alle Könige der Welt. Darum komm und nimm ihn: Und alle Schätze der Erde sind dein.«

Der junge Fischer aber lachte. »Die Liebe ist reicher als Reichtum«, rief er. »Und die kleine Meermaid liebt mich.«

»Nein, nichts ist reicher als Reichtum. Reichtum gilt mehr als alles andere«, sprach die Seele.

»Liebe gilt mehr«, erwiderte der junge Fischer. Und er tauchte hinab in die Tiefe. Die Seele aber zog schluchzend ihres Weges – über das Sumpfland dahin.

10.

Und als das dritte Jahr verstrichen war, kam die Seele herab zum Ufer des Meeres und rief den jungen Fischer. Und er stieg empor aus der Tiefe und sprach: »Was rufest du mich?«

Und die Seele erwiderte: »Komm näher, dass ich mit dir sprechen kann, denn ich habe der Wunder gar viele gesehen.« Und er kam näher und ruhte in dem seichten Wasser und lehnte das Haupt auf die Hand und lauschte …

11.

Und die Seele sprach zu ihm:

»In einer Stadt, die ich kenne, ist eine Herberge, die am Flussrand steht. Dort saß ich mit Matrosen, die von zweifarbigem Weine tranken und Gerstenbrot mit kleinen gesalzenen Fischen aßen, die man auf Lorbeerblättern mit Essig herumreichte.

Und als wir so saßen und guter Dinge waren, gesellte sich ein alter Mann zu uns, der einen Lederteppich trug und eine Laute mit zwei Bernsteinhörnern in Händen hielt. Und als er den Teppich auf den Boden gebreitet hatte, schlug er mit einer Feder auf die Drahtsaiten seiner Laute und ein Mädchen mit verhülltem Antlitz lief herein, und begann vor uns zu tanzen. Ihr Antlitz war mit einem Gazeschleier bedeckt, aber ihre Füße waren nackt. Nackt waren ihre Füße und sie huschten gleich zwei weißen Täubchen über den Teppich dahin. Nie habe ich so Wunderbares gesehen. Und die Stadt, in der sie tanzte, liegt nur eine Tagesreise weit von hier.«

Und als der Fischer diese Worte seiner Seele hörte, kam es ihm in den Sinn, dass die kleine Meermaid keine Füße hatte und nicht tanzen konnte. Und es überfiel ihn eine große Sehnsucht und er sprach zu sich selber: »Nur eine Tagesreise weit von hier ist es, und ich kann ja zu meiner Liebe zurück-kehren.« Und er lachte, hob sich in dem seichten Wasser hoch und schritt dem Ufer zu.

Und da er das trockene Ufer erreicht hatte, lachte er von neuem und breitete die Arme aus nach seiner Seele, und die Seele stieß einen lauten Schrei des Jubels aus, und eilte auf ihn zu und nahm von ihm Besitz. Und der junge Fischer sah vor sich auf dem Sande den Schatten seines Körpers ausge-breitet ruhen, der der Körper der Seele ist.

Und seine Seele sprach zu ihm: »Lass uns nicht zögern, sondern ungesäumt hineingehen, denn die Meergötter sind neidisch und haben Ungeheuer zu Knechten, die ihrem Ge-bote gehorchen.«

So eilten sie unverweilt von dannen und wanderten die Nacht hindurch. Ja, die ganze Nacht wanderten sie unter dem Auge des Mondes und den ganzen Tag wanderten sie unter dem Auge der Sonne dahin. Und am Abend desselben Tages gelangten sie in eine Stadt.

Und der junge Fischer sprach zu seiner Seele: »Ist dies die Stadt, worin sie tanzt, von der du mir erzählt hast?«

Und seine Seele erwiderte ihm: »Nicht diese Stadt ist es, sondern eine andere. Doch lass uns vorerst hier eintreten.«

So betraten sie denn die Stadt und gingen durch die Stra-ßen, und da sie durch die Straße der Goldschmiede kamen, erblickte der junge Fischer einen schönen Becher aus Silber, der in einer Bude zur Schau ausgestellt war. Und seine Seele sprach zu ihm: »Nimm diesen silbernen Becher und verbirg ihn.«

Da nahm er den Becher und verbarg ihn in den Falten sei-nes Gewandes und sie gingen eilends aus der Stadt.

Und als sie eine Meile weit gegangen und fern von der Stadt waren, furchte der junge Fischer die Brauen und warf den Becher von sich und sprach zu seiner Seele: »Wie konn-

test du mich diesen Becher nehmen und ihn verbergen heißen? War es doch ein übel Ding, das ich tat.«

Seine Seele aber erwiderte ihm: »Sei ruhig, sei ruhig!«

Und am Abend des zweiten Tages kamen sie in eine Stadt
und der junge Fischer sprach zu seiner Seele: »Ist dies die
Stadt, in der sie tanzt, von der du mir gesprochen hast?«

Und seine Seele erwiderte ihm: »Nicht diese Stadt ist es,
sondern eine andere. Doch lass uns vorerst hier eintreten.«

So schritten sie hinein und schritten durch die Straßen,
und als sie durch die Straße der Sandalenhändler gingen, sah
der junge Fischer ein Kind bei einem Wasserbrunnen stehen und seine Seele sprach zu ihm: »Schlage dies Kind!« Da
schlug er das Kind, bis es aufschluchzte. Und als er dies getan hatte, gingen sie eilends hinaus aus der Stadt.

Und als sie eine Meile weit gegangen und fern von der
Stadt waren, fasste den jungen Fischer gerechter Zorn und er
sprach zu seiner Seele: »Warum gebotest du mir dieses Kind
zu schlagen? War es doch ein übel Ding, was ich tat.«

Doch seine Seele entgegnete ihm: »Sei ruhig! Sei ruhig!«

Und am Abend des dritten Tages kamen sie in eine Stadt
und der junge Fischer sprach zu seiner Seele: »Ist dies die
Stadt, in der sie tanzt, von der du mir gesprochen hast?«

Und seine Seele erwiderte ihm: »Mag sein, dass dies die
Stadt ist, drum lass uns hier eintreten.«

So schritten sie hinein und schritten durch die Straßen.
Doch nirgends konnte der junge Fischer den Fluss gewahren,
noch die Herberge, die am Flussufer stand. Und die Einwoh-
ner der Stadt blickten ihn neugierig an, und die Furcht ergriff
ihn und er sprach zu seiner Seele: »Lass uns von hinnen gehen, denn sie, die mit weißen Füßen tanzet, ist nicht hier.«

Und seine Seele erwiderte: »Nicht doch, lass uns hier verweilen, denn die Nacht ist dunkel und Räuber könnten am
Wege auf uns passen.

So setzte er sich also auf den Marktplatz nieder und ruhte sich aus. Und nach einer Weile kam ein Kaufmann vorüber, der einen Mantel aus Tatarentuch um den Leib geschlungen hatte und eine Laterne aus durchlöchertem Horn an der Spitze eines knotigen Rohres trug. Und der Kaufmann sprach zu ihm: »Weshalb sitzest du hier auf dem Marktplatz, wo doch alle Buden verschlossen und alle Ballen verschnürt sind?«

Und der Fischer erwiderte ihm: »Ich kann in dieser Stadt keine Herberge finden. Auch habe ich keinen Verwandten, der mir Obdach gäbe.«

»Sind wir nicht alle eines Blutes«, sprach der Kaufmann, »und hat nicht Gott uns alle erschaffen? Folge mir darum, denn mein Haus hat Raum für Gäste.«

Und der junge Fischer stand auf und folgte dem Kaufmann in sein Haus. Und als er durch den Garten voll von Granatapfelbäumen gegangen und in das Haus getreten war, brachte ihm der Kaufmann in einer kupfernen Schale Rosenwasser, damit er seine Hände wasche, und reife Melonen, damit er seinen vertrockneten Gaumen erfrische, und setzte eine Schüssel mit Reis und einem Stück gebratenen Lamm vor ihn hin. Und als der Fischer mit der Mahlzeit zu Ende war, führte ihn der Kaufmann in das Gastzimmer und ließ ihn rasten und schlafen. Und der junge Fischer dankte ihm und küsste den Ring an seiner Hand, und warf sich nieder auf die Teppiche aus gefärbtem Ziegenhaar. Und als er sich mit einer Decke aus schwarzer Lammwolle zugedeckt hatte, fiel er in Schlaf. Doch drei Stunden, ehe der Morgen graute und es Nacht noch war, weckte ihn seine Seele auf und sprach zu ihm: »Stehe auf und gehe in das Gemach des Kaufmanns, in das Gemach, darin er schläft, und töte ihn und nimm ihm sein Gold, denn wir brauchen es.«

Und der junge Fischer stand auf und schlich sich in das Zimmer des Kaufmanns, über dessen Füßen ein gebogenes Schwert lag und die Lade zu Häupten des Kaufmanns enthielt neun Beutel voll Goldes. Und er streckte die Hand aus und berührte das Schwert, und da er es berührte, fuhr der Kaufmann aus dem Schlaf empor und sprang auf, ergriff das Schwert und rief dem jungen Fischer zu: »Erwiderst du Gutes mit Bösem, und zahlst du mit Blutvergießen für die Güte, die ich dir erwies?«

Und es sprach die Seele zu dem Fischer: »Triff ihn!« Da traf er ihn so hart, dass er bewusstlos niederstürzte. Dann ergriff der Fischer die neun Beutel Goldes und entfloh. Entfloh hastig durch den Garten voll Granatapfelbäumen und kehrte sein Angesicht dem Sterne zu, der der Stern des Morgens ist. Und da sie eine Meile weit gegangen und von der Stadt entfernt waren, schlug sich der junge Fischer an die Brust und sprach zu seiner Seele: »Weshalb hießest du mich den Kaufmann töten und sein Gold rauben? Du bist verrucht!«

Doch seine Seele entgegnete ihm: »Sei ruhig! Sei ruhig!«

»Nimmermehr!«, rief der junge Fischer. »Denn ich kann nicht Ruhe finden, weil ich all das verabscheue, wozu du mich verlockst. Ich verabscheue auch dich und gebiete dir: Sag' mir, warum du solches an mir getan hast?«

Da entgegnete ihm die Seele: »Als du mich von dir sandtest in die Welt hinaus, gabst du mir kein Herz mit auf den Weg. Und also lernte ich jene Dinge und lernte sie lieben.«

»Was sprichst du?«, murmelte der junge Fischer.

»Du weißt es«, entgegnete die Seele, »du weißt es wohl. Hast du es vergessen, dass du mir kein Herz mitgabest? Ich glaube es kaum. Drum quäle nicht dich, noch quäle mich, sondern sei ruhig. Wird es doch von allen Schmerzen keinen geben, den du nicht um dich verbreiten wirst, und von allen Wonnen keine, die nicht dein bliebe.«

Und als der junge Fischer diese Worte hörte, erbebte er und sprach zu seiner Seele: »Wehe, du bist verrucht! Du hast meine Liebe in Vergessen ertränkt und hast mich mit Versuchungen versucht. Hast meine Füße den Pfad der Sünde geführt.«

Und seine Seele entgegnete ihm: »Hast du wahrhaftig vergessen, dass du mir kein Herz mitgabest, als du mich von dir sandtest in die Welt hinaus? Komm, lass uns in eine andere Stadt ziehen und fröhlich sein! Sind doch neun Beutel Goldes unser!«

Der junge Fischer aber nahm die neun Beutel Goldes, schleuderte sie zu Boden und trat sie mit Füßen. »Hebe dich weg!«, rief er. »Nichts will ich länger mit dir zu schaffen haben, noch will ich fernerhin deine Wege wandern. Nein, so wie ich dich schon einmal von mir gesandt habe, so will ich dich jetzt wiederum von mir abtun, denn nicht Gutes hast du in mir gezeugt.«

Er stellte sich mit dem Rücken gegen den Mond, und mit dem kleinen Messer, dessen Knopf aus grüner Schlangenhaut war, versuchte er vor seinen Füßen den Schatten des Körpers abzuschneiden, der der Körper der Seele ist.

Doch seine Seele wich nicht. Sie folgte nicht seinem Geheiße, sondern sprach: »Die Zauberformel, die dich die Hexe gelehrt hat, hilft dir nicht mehr, denn ich kann dich nie wieder verlassen, und nie wieder vermagst du mich von dir wegzuschicken. Einmal im Leben kann der Mensch seine Seele von sich schicken, doch der sie wieder aufnimmt, muss sie für immerdar behalten: Und dies ist seine Strafe und sein Lohn.«

Und der junge Fischer erbleichte und presste die Hände ineinander und rief: »Weh über die falsche Hexe, die mir das nicht gesagt hat!«

»Schilt sie nicht falsch!«, erwiderte die Seele. »Sie war ihm treu, zu dem sie betet, und dessen Magd sie ewig sein wird.«

Und da der junge Fischer begriff, dass er nicht mehr seiner Seele ledig werden könne, und dass er eine schlechte Seele in sich trüge, die ewig bei ihm bleiben würde, fiel er zu Boden und schluchzte bitterlich.

12.

Und es war Tag, als sich der junge Fischer von neuem erhob und also zu seiner Seele sprach: »Ich will mir die Hände binden, auf dass sie nichts nach deinem Geheiß zu tun vermögen, und will meine Lippen versiegeln, auf dass sie nicht deine Worte sprechen! Und ich will wiederkehren zu der Stelle, wo sie, die ich liebe, ihren Wohnsitz hat. Ins Meer will ich heimkehren und zu der kleinen Bucht, wo sie zu singen pflegt. Und ich will sie rufen und ihr das Böse eingestehen, das ich getan habe, und das Böse, das du in mir wachgerufen hast.«

Und seine Seele versuchte ihn und sprach: »Wer ist denn deine Liebe, dass du zu ihr zurückkehren solltest? Die Welt hat ihrer viele, die schöner sind als sie. In Samaris sind Tänzerinnen, die im Tanze den Vögeln gleich sind. Ihre Füße sind mit Henna bemalt und in ihren Händen halten sie kleine kupferne Klingeln. Sie lachen beim Tanze, und ihr Lachen plätschert so hell wie das Lachen des Wassers. Folge mir, so will ich dich zu ihnen führen, denn was soll all deine Sündenfurcht? Ist Köstliches nicht für den geschaffen, der es kostet? Wirkt die Süßigkeit, die man schlürfet, Gift? Klage nicht, sondern folge mir in eine andere Stadt, in der ein Garten von Tulpenbäumen steht. In diesem lieblichen Garten höre, wohnen weiße Pfauen und Pfauen mit blaugefiederter Brust. Wenn sie ihr Rad sonnwärts spreizen, gleicht es flachen Scheiben aus Elfenbein und Scheiben aus Gold. Und jene, die sie füttert, tanzt zu ihrer Lust. Sie tanzt auf den Händen und wieder ein andermal tanzt sie auf den Füßen. Ihre Augen sind leuchtend wie Bernstein und ihre Nasenflügel sind geschweift wie Schwalbenschwingen. Von einem Häkchen, in einem ihrer Nasenflügel, hängt eine Blume herab, die ist aus einer Perle geschnitten. Sie lacht beim Tanze, und die Silberringe um ihre Knöchel klingeln wie silberne Glöckchen. Also quäle dich nicht länger, sondern folge mir in jene Stadt.«

Der junge Fischer aber antwortete der Seele nicht, sondern verschloss mit dem Siegel des Schweigens die Lippen und band sich mit engem Knoten die Hände und wanderte zurück zur Stelle, von dannen er gekommen war, hin zu der kleinen Bucht, wo sein Liebchen zu singen pflegte. Und auf dem Wege versuchte ihn seine Seele beständig. Er aber gab ihr weder Antwort, noch tat er irgend etwas von dem Bösen, wozu sie ihn verleiten wollte: Allzu groß war die Macht der Liebe, die er in sich trug.

Und als er am Ufer des Meeres angelangt war, lockerte er die Stricke von seinen Händen und löste das Siegel des Schweigens von den Lippen und rief die kleine Meermaid. Sie aber hörte nicht auf seinen Ruf, obgleich er den ganzen Tag lang zu ihr rief und sie anflehte.

Und seine Seele spottete seiner und sprach: »Wahrhaftig! Nur geringe Freude schenkt dir dein Liebchen. Du gleichest einem, der zur Zeit der Wassernot Wasser in ein durchlöchertes Gefäß gießt. Du gibst alles hin, was dein ist, und nichts wird dir dafür zurückgegeben. Dir wäre besser, du folgtest mir, denn ich weiß, wo das Tal der Lust liegt und welche Wonne es birgt.«

Der junge Fischer aber antwortete seiner Seele nicht, sondern baute sich in einer Felsenkluft ein Haus aus Schilf und wohnte dort ein langes Jahr. Und alltäglich zur Mittagsstunde rief er sie wieder, und wenn die Nacht sank, sprach er ihren Namen leise, ungezählte Male. Doch niemals stieg sie aus dem Meere auf, noch kam sie ihm entgegen. Und an keiner Stelle der See konnte er sie finden, wenngleich er sie in den Grotten und Höhlen suchte und in den grünen Wassern, in den Tiefen der Fluten und in den Brunnen, die unten am Grunde sind.

Dagegen versuchte ihn seine Seele wieder und wieder zur Sünde zu verführen und flüsterte ihm Entsetzliches zu. Aber nichts vermochte etwas gegen ihn: Allzu groß war die Macht seiner Liebe. Und als das Jahr verstrichen war, dachte die Seele bei sich selbst: ›Ich habe meinen Herrn mit Sünden versucht, und seine Liebe ist stärker als ich. So will ich ihn denn mit Tugend versuchen. Mag sein, dass er mir dann folgt.‹

Und so sprach sie zum jungen Fischer und sagte:

»Ich habe dir von den Freuden dieser Welt erzählt, und du hast mir ein taubes Ohr gewiesen. Erlaube mir nun, dir von dem Leide der Welt zu erzählen. Mag sein, dass du diesem lauschen wirst. Denn das Leid ist in Wahrheit der Herr der Welt, und keiner ist, der seinem Netze zu entschlüpfen vermöchte. Die einen haben keine Kleidung, die anderen haben kein Brot. Witwen weinen in Purpur und Witwen weinen in Lumpen. Hin und zurück über die Sümpfe ziehen die Aussätzigen, und grausam sind sie gegeneinander. Die Landstraße auf und nieder schleichen die Bettler und ihre Ränzel sind leer. Durch die Straßen der Stadt schreitet Hungersnot und vor dem Tore kauert die Pest. Komm, lass uns gehen und alledem Linderung verschaffen und es ändern! Warum solltest du hier verweilen und deine Liebe rufen, da sie doch deinem Ruf nicht folgt? Was ist auch Liebe, dass du also hohen Wert auf sie legst?«

Der junge Fischer aber gab keine Antwort: Allzu groß war die Macht seiner Liebe. Und alltäglich beim Morgendämmer rief er die Meermaid und alltäglich zur Mittagsstunde rief er sie wieder, und nachts sprach er ihren Namen leise, ungezählte Male. Doch nie stieg sie aus dem Meere, noch kam sie ihm entgegen, und an keiner Stelle des Meeres konnte er sie finden, suchte er auch nach ihr in den Flüssen der See, und in den Tälern, die unter den Wogen liegen, und in dem Meere, das die Nacht purpurn färbt und in dem Meere, das unter der Dämmerung ergraut.

Und als das zweite Jahr verstrichen war, sprach die Seele zu dem jungen Fischer, als es Nacht wurde und er einsam in seinem Hause von Schilf sah: »Wehe! Ich habe dich mit Sünde versucht und habe dich mit Tugend versucht, und deine Liebe ist stärker als ich, darum will ich dich nicht länger versuchen. Doch flehe ich dich an, lass mich in dein Herz, auf dass ich mit dir eins werde, wie ich vorher eins war mit dir.«

»Wahrlich darfst du hinein«, sprach der junge Fischer, »denn gar Furchtbares musst du gelitten haben in den Tagen, da du ohne Herz durch die Welt dahin geirrt bist.«

»Ach«, rief die Seele, »ich kann nirgends Eintritt finden, also ist dein Herz mit Liebe überfüllt.«

»Und doch wollte ich, ich könnte dir helfen«, sprach der junge Fischer.

Und als er so sprach, klang ein lauter Schrei des Schmerzes über das Meer herüber, ein Schrei, wie ihn die Menschen vernehmen, wenn einer vom Meervolk gestorben ist.

Und der junge Fischer sprang auf und verließ sein Haus aus Schilf und lief ans Ufer. Und die schwarzen Wogen eilten hastig ans Land und trugen ihm eine Last zu, die weißer als Silber war. Weiß wie die Brandung war sie und wiegte sich wie eine Blume auf den Wogen, und die Brandung hob sie von den Wogen, und die Gischt hob sie von der Brandung und das Ufer nahm sie auf, und der junge Fischer sah zu seinen Füßen die Leiche der kleinen Meermaid liegen. Tot lag sie da, zu seinen Füßen. Schluchzend wie einer, den das Leid zu Tode traf, warf er sich neben sie und küsste das kalte

Rot des Mundes und spielte mit dem nassen Bernstein ihres Haares. Nieder auf den Sand, nieder an ihre Seite warf er sich und schluchzte wie einer, der in Freuden erzittert, und mit seinen braunen Armen presste er sie an seine Brust. Kalt waren ihre Lippen, doch er küsste sie; salzig schmeckte der Honig ihres Haares, aber er kostete ihn mit bitterer Freude. Er küsste die gesenkten Lider, und der wilde Schaum, den er aus den Augenbechern schlürfte, war nicht so salzig als seine Tränen. Und der Toten beichtete er alles.

In die Muscheln ihrer Ohren goss er den herben Wein seiner Geschichte. Er schlang sich die kleinen Hände um den Hals und streichelte mit seinen Fingern das schlanke Röhrchen ihrer Kehle. Bitter, bitter war seine Freude, und voll seltsamer Froheit war sein Schmerz.

Die schwarze See kam näher und die weiße Gischt stöhnte wie ein Aussätziger. Auf weißen Klauen der Gischt kroch die See ans Ufer. Aus dem Palaste des Königs drang wieder der Schrei der Trauer und weit mit rauen Gurgeln draußen auf dem Meere bliesen die Tritonen auf ihrem Muschel-Horn.

»Fliehe!«, sprach seine Seele. »Denn immer näher wälzt sich das Meer, und wenn du zögerst, wird es dich verschlingen. Fliehe weit fort, denn mir wird bange! Sehe ich doch, dass dein Herz um deiner großen Liebe willen gegen mich verschlossen ist. Fliehe an einen anderen Ort. Wahrlich, du darfst mich nicht ohne Herz in eine andere Welt senden!«

Der junge Fischer aber lauschte seiner Seele nicht, sondern rief die kleine Meermaid und sprach: »Liebe ist weiser als Weisheit. Liebe ist reicher als Reichtum und schöner und lieblicher als die Füße der Menschentöchter. Feuersglut kann sie nicht zerstören und die Wasser können sie nicht löschen. Ich rief dich beim Morgendämmer, und du kamst nicht auf meinen Ruf. Der Mond vernahm deinen Namen.

Du aber achtetest meiner nicht. Denn gar übel hatte ich dich verlassen, und zu meinem eigenen Verderben bin ich hinweggewandert. Doch war deine Liebe immerdar in mir und war stark immerdar, sodass nichts dagegen standzuhalten vermochte, wenngleich ich der Sünde ins Auge blickte und der Tugend ins Auge blickte. Und nun, da du gestorben bist, will auch ich mit dir sterben.«

Und seine Seele flehte, er möge sich retten. Er aber wollte nicht: Allzu groß war seine Liebe. Und die See wälzte sich heran und warf ihre Wellen über ihn, und da er wusste, dass das Ende nahe war, küsste er mit brünstigen Lippen die kalten Lippen der Meermaid, und das Herz in seinem Leibe brach. Und wie sein Herz also durch die Größe seiner Liebe brach, fand die Seele ihren Weg hinein, nahm sie den Weg hinein und war in ihm, wie sie zuvor in ihm gewesen war. Und das Meer bedeckte den jungen Fischer mit seinen Wogen.

13.

Am anderen Morgen aber zog der Priester aus das Meer zu segnen, denn es war stürmisch gewesen. Und mit ihm zogen die Mönche und die Musikanten und die Kerzenträger und die Weihrauchschwinger und eine große Menge hinaus.

Und als der Priester zum Ufer kam, sah er den jungen Fischer ertrunken in der Brandung liegen, und von seinem Arm umklammert lag der Leichnam der kleinen Meermaid. Da trat er finster zurück und schlug das Zeichen des Kreuzes und sprach gar laut und rief: »Nicht will ich das Meer segnen, noch was immer es birgt. Verflucht sei das Meervolk und verflucht seien jene, die da Bündnis mit ihm schließen. Er aber, der um der Liebe willen Gott vergessen, und hier vom Gerichte Gottes samt seiner Buhle erschlagen liegt – hebt seinen Leib und den Leib seiner Buhle empor und verscharrt sie in einer Ecke des Schindangers und setzt keinen Stein darüber, noch sonst ein Wahrzeichen irgendeiner Art, auf dass keiner den Platz ihrer Ruhestatt wisse. Denn verflucht waren sie im Leben und verflucht seien sie auch nach dem Tod!«

Da tat das Volk, wie er befohlen hatte. Und in einer Ecke des Schindangers, wo keine süßen Gräser wuchsen, gruben sie eine tiefe Grube und senkten die toten Leiber darein.

Und als das dritte Jahr dahingegangen war, an einem Tage, der ein heiliger Tag war, zog der Priester in die Kapelle, um dem Volk die Wundmale des Herrn zu zeigen und zu dem Volke über Gottes Zorn zu sprechen.

Und als er sich in sein Gewand gekleidet hatte, und eintrat und sich vor dem Altare neigte, sah er, wie der Altar mit seltsamen Blumen verziert war, die er nie zuvor gesehen hatte. Seltsam anzuschauen waren sie und von wunderlicher Schönheit. Und ihre Schönheit verwirrte ihn und ihr Duft war all seinen Sinnen süß. Freude erfüllte ihn, und er wusste nicht, worüber er sich freute.

Und als er das Tabernakel geöffnet und der Monstranz, die darin stand, Weihrauch dargebracht und dem Volke die schöne Hostie gezeigt und sie dann wiederum hinter dem Schleier der Schleier verborgen hatte, begann er zum Volke zu sprechen. Die Schönheit der weißen Blumen aber verwirrte ihn, und ihr Duft schien all seinen Sinnen süß, und andere Worte drängten sich auf seine Lippen, und er sprach nicht vom Zorne Gottes, sondern von dem Gotte, dessen Name Liebe ist. Und weshalb er also sprach, wusste er selbst nicht.

Und als seine Worte verklungen waren, weinte das Volk, und der Priester ging in die Sakristei zurück und seine Augen waren schwer von Tränen. Die Diakone traten herein und fingen an ihn zu entkleiden. Sie nahmen ihm die Alba und den Gurt ab, die Armstreifen und die Stola. Er aber glich einem Traumumfangenen.

Und als sie ihn entkleidet hatten, blickte er sie an und sprach: »Welcher Art gehören die Blumen an, die auf dem Hochaltare stehen, und woher sind sie?«

Sie antworteten ihm: »Wir kennen nicht die Blumenart, doch kommen sie aus der Ecke des Schindangers.«

Da zitterte der Priester, ging in sein Haus und betete.

Und am frühen Morgen, als es noch dämmerte, zog er aus mit den Mönchen und mit den Musikanten und mit den Kerzenträgern und mit den Weihrauchschwingern und mit einer großen Menge nieder zum Ufer der See, und segnete die See und alle die wilden Geschöpfe, die sie birgt. Auch die Faune segnete er und die kleinen Wesen, die im Waldland tanzen und die helläugigen Dingerchen, die durch das Blattwerk spähen. Alle Geschöpfe in Gottes Welt segnete er. Und das Volk war der Freude und des Wunders voll. Nie wieder aber wuchsen Blumen irgendwelcher Art in der Ecke des Schindangers, denn das Feld blieb unfruchtbar, wie es zuvor gewesen war, noch kam das Meervolk wieder in die Bucht, wie es ehedem zu tun pflegte, denn es zog weit hinweg in einen anderen Teil des Meeres.

Das Sternenkind

1.

Vor langen Zeiten schritten einmal zwei arme Holzhauer durch einen großen Tannenwald ihrem Heime zu. Es war Winter und die Nacht war bitter kalt. Der Schnee lag hoch auf dem Erdboden und auf dem Geäst der Bäume. Der Frost knickte unaufhörlich Zweig um Zweig ab, zu beiden Seiten des Weges, den sie gingen. Und wie sie zum Wasserfall kamen, da hing dieser regungslos in den Lüften, denn der Eiskönig hatte ihn geküsst.

Es war so kalt, dass selbst die Säugetiere und die Vögel nicht mehr wussten, wie sie sich schützen sollten.

»Hu«, heulte der Wolf, der den Schwanz zwischen die Beine klemmte und durch das Unterholz schlich, »dieses Wetter ist wirklich ganz ungeheuerlich. Warum rührt sich denn die Regierung nicht?«

»Witte-witt, witte-witt«, zwitscherten die grünen Hänflinge, »die alte Erde ist tot, und man hat sie öffentlich ausgestellt in ihrem weißen Totenlinnen.«

»Die Erde will Hochzeit feiern, und dies ist ihr bräutlich Kleid«, gurrten die Turteltauben. Ihre kleinen rosigen Füßchen waren ganz frostzernagt, aber sie fühlten es als ihre Pflicht, auch in dieser Lebenslage die Romantik zu wahren.

»Unsinn!«, knurrte der Wolf. »Ich sage euch, an allem trägt die Regierung schuld. Und glaubt ihr mir nicht, so fress ich euch!« Der Wolf war ausgesprochen praktischer Gesinnung und an Beweiskraft fehlte es ihm nie.

»Ich meinerseits«, sagte der Specht, der ein geborener Philosoph war, »schere mich kein Atom um derlei Erläuterungen. Wie eine Sache ist, so ist sie. Und augenblicklich ist es erbärmlich kalt.«

Und es war erbärmlich kalt. Die kleinen Eichhörnchen, die in den hohen Fichten lebten, rieben eins des anderen Näschen, um sich gegenseitig warm zu halten, und die Kaninchen rollten sich in ihren Löchern zu Kugeln zusammen und wagten keinen Blick vor die Tür hinaus zu tun. Das einzige Volk, das hocherfreut schien, war das der großohrigen Eulen. Ihre Federn waren ganz steif vor weißlichem Reif, aber sie achteten dessen nicht und rollten ihre großen, gelben Augen und riefen einander durch den Wald zu: »Tuwitt! Tuhu! Tuwitt! Tuhu – du wunderbares Wetter du!«

Indessen schritten die zwei Holzhauer ihres Weges weiter, bliesen munter auf ihre Fingerspitzen und stampften mit den schweren, eisenbenagelten Stiefeln den harten Schnee. Einmal sanken sie tief in die losen Flockenmassen ein und kamen daraus so weiß hervor, wie es Müller sind, wenn ihre Steine mahlen. Ein andermal glitten sie auf dem harten, glatten Eise des gefrorenen Sumpfes aus, und das Reisig fiel aus ihren Bündeln; sie mussten es mühsam aufsammeln und wieder zusammenbinden. Ein andermal wähnten sie sich des Weges fremd, und kaltes Grausen packte sie, da sie ja wussten, wie der Schnee so grausam für jene ist, die in seinen Armen schlafen. Doch sie setzten ihr Vertrauen auf den guten heiligen Martin, der über den Wanderern wacht, und folgten wieder ihren Stapfen und schritten dann bedächtig voran. Und zu guter Letzt erreichten sie den Waldsaum und sahen tief zu ihren Füßen unten im Tal die Lichter des Dorfes, darin sie wohnten.

So überfroh ihrer Erlösung waren sie, dass sie einander laut zulachten, und in der Erde eine Silberblüte, im Monde eine Goldblume zu sehen vermeinten. Doch nachdem sie einander zugelacht hatten, wurden sie wieder traurig, denn ihre Armut kam ihnen in den Sinn, und der eine sprach zu dem anderen: »Worüber freuen wir uns eigentlich so sehr, da wir doch sehen, dass das Leben den Reichen gehört und nicht den Armen, wie unsereins! Uns wäre wohler, wir wären im Walde versunken und vor Frost gestorben, oder es hätte sich ein wildes Getier auf uns gestürzt und uns zerfleischt.«

»Wahrlich«, sprach sein Gefährte, »manchem ist vieles verliehen und anderen wenig. Nicht Gerechtigkeit hat die Welt zerstückelt, und es gibt außer den Sorgen nichts, das in der Teilung Gleichmaß zeigte.« Doch indem sie einander noch ihr Elend klagten, begab sich Wundersames. Vom Firmament fiel ein leuchtend heller, schöner Stern. Er glitt die Himmelswand entlang, in seinem Laufe die anderen Sterne streifend. Und wie sie ihm noch verwundert nachblickten, schien es ihnen, als sänke er hinter dichten Weidenbüschen nieder, die nur einen Steinwurf ferne, nächst einer kleinen Schafhürde standen.

»Hurra! Da ist ein Topf Goldes für jeden, der ihn findet«, riefen sie und fingen zu laufen an, so gierig waren sie nach dem Golde.

Und einer von ihnen war rascher als sein Gefährte und überholte ihn, und erzwang sich den Weg durch die struppigen Büsche. Und als er jenseits angelangt, siehe! Da lag wahrhaftig ein goldenes Etwas auf dem weißen Schnee, und er stürzte darauf zu und ergriff es, sich niederbeugend, mit beiden Händen, und es war ein Mantel aus Goldgewebe, mit Sternen durchwirkt und in viele Falten gelegt. Und er rief seinem Gefährten zu, dass er einen Schatz gefunden hätte, der vom Himmel gefallen wäre. Und da sein Gefährte herbeigekommen war, saßen sie beide auf dem Schnee und lockerten die Falten des Mantels, damit sie die Stücke Goldes untereinander zu teilen vermöchten. Aber ach! Es war nicht Gold darin, noch Silber, noch irgendein Schatz, nur ein kleines Kindlein, das schlief.

Und der eine sprach zu dem anderen: »Dies ist ein bitteres Ende unseres Hoffens. Wir haben nun eben kein Glück. Denn was kann ein Kindlein einem Manne frommen? Lassen wir es hier und gehen wir unseres Weges! Denn wir sind arme Leute und haben selber Kinder, deren Brot wir anderen Kindern nicht geben dürfen.

Sein Gefährte aber erwiderte: »Nicht doch, es wäre übel getan, dies Kind hier dem Tod im Schnee preiszugeben. Und wenngleich ich ein Bettler bin wie du und viele Schnäbel zu füttern und doch nur wenig im Topfe habe, so will ich es gerne mit mir nach Hause nehmen, und mein Weib soll es hüten und pflegen.«

Und mit diesen Worten nahm er das Kindlein sanft in seine Arme, hüllte es in den Mantel, um es vor dem eisigherben Atem des Frostes zu bergen, und schritt bergab dem Dorfe zu, während sein Gefährte ob seiner Torheit und der Aberweiche seines Herzens staunte.

Und als sie ins Dorf kamen, sprach sein Gefährte zu ihm: »Du hast das Kind, darum gib mir den Mantel, denn es ist nur billig, dass jedem von uns sein Teil werde.«

Er aber antwortete: »Nimmermehr. Denn der Mantel ist weder mein noch dein, sondern des Kindes Eigentum.«

Und er bot ihm ein Gott befohlen, schritt seinem Hause zu und klopfte an. Und als sein Weib die Tür öffnete und sah, dass ihr Mann gesund zu ihr zurückgekehrt sei, schlang die Frau die Arme um seinen Hals und küsste ihn, und nahm das Bündel Reisig von seinem Rücken, trocknete den Schnee von seinen Schuhen und bat ihn, in sein Haus zu kommen.

Er aber sprach zu ihr: »Ich habe im Walde etwas gefunden und habe es dir gebracht, damit du wohl darauf achtest.« Und er rührte sich nicht von der Schwelle.

»Was ist es?«, rief sie. »Zeige es mir, denn unser Haus ist leer und es ist Not an vielen Dingen.« Da zog er den Mantel zur Seite und zeigte ihr das schlafende Kind. »Ach, guter Freund«, sprach sie murrend, »haben wir nicht selbst Kindersegen genug? Musst du noch durchaus einen Wechselbalg des Weges schleppen, auf dass er mit an unserem Herde sitze? Und wer weiß, ob er nicht Unheil über uns bringen wird? Und womit sollen wir ihn nähren?« Und sie war zornig über ihn.

»Es ist aber doch ein Sternenkind«, entgegnete er. Und er erzählte ihr von der wundersamen Art, wie er es gefunden hätte.

Sie aber wollte sich nicht beschwichtigen lassen, sondern höhnte ihn, sprach sich in Wut und schrie:

»Unsere Kinder darben nach Brot, und wir sollen anderer Leute Kinder füttern? Wer sorgt für uns? Wer gibt uns Speise?«

»Sprich doch nicht so! Sorgt Gott denn nicht selbst für die Sperlinge? Speist er nicht auch sie?«, erwiderte er.

»Sterben etwa die Sperlinge nicht auch Hungers im Winter?«, fragte sie. »Und ist es jetzt nicht Winter?« Der Mann fand kein Wort der Entgegnung, doch rührte er sich nicht von der Schwelle.

Und ein schneidender Wind strich vom Walde her durch die offene Tür, die in den Angeln knarrte, und das Weib erschauerte und sprach zum Manne: »Willst du nicht die Tür schließen? Es streicht ein eisiger Wind durch das Haus. Mich friert.«

»Und streicht nicht immer ein eisiger Wind durch ein Haus, darin sich ein hartes Herz birgt?«, fragte er. Das Weib wusste keine Antwort, doch schlich sie näher ans Feuer heran. Und nach einer Weile wandte sie sich ihm zu und sah ihn an, und ihre Augenlider waren schwer von Tränen. Da trat er rasch herein und legte das Kind in ihre Arme, und sie küsste es und legte es in ein kleines Bettchen, darin bereits das jüngste ihrer eigenen Kinder schlief. Am anderen Morgen aber nahm der Holzhauer den seltsamen Mantel von Gold und barg ihn in einer großen Truhe; und eine Kette von Bernstein, die um den Hals des Kindes hing, nahm das Weib und barg sie gleichfalls in der Truhe.

2.

So wuchs das Sternenkind mit den Kindern des Holzhauers heran, und saß an einem Tische mit ihnen und war ihr Spielgenoss. Und mit jedem Jahre ward es schöner anzusehn, sodass alle, die in dem Dorfe wohnten, staunten; denn während hier sonst jeder schwarz war von Angesicht und Haaren, war das Kind weiß und zart wie feines Elfenbein, und seine Locken glichen den Ringen der Amaryllis. Seine Lippen waren wie die Blütenblätter einer roten Blume und seine Augen wie Veilchen, die am Ufer eines klaren Baches sprießen, und sein Leib war wie die Narzissen auf einem Felde, dem kein Mäher naht.

Aber seine Schönheit brachte ihm Unheil, denn es war auch stolz und grausam und eigensüchtig. Die Kinder des Holzhauers und die anderen Kinder des Dorfes verachtete es. Es sagte, sie seien von niederer Herkunft, während es vornehm sei, da es von einem Stern herstamme. Und es machte sich zum Herrn über sie und schalt sie seine Knechte. Auch kannte es kein Mitleid mit den Armen, noch mit jenen, die da blind oder missgestaltet waren oder irgendwie ein Gebrechen hatten.

Es warf sie mit Steinen und trieb sie auf die Landstraße hinaus und hieß sie anderwärts ihr Brot erbetteln, sodass nur die Geächteten, um Almosen zu erflehen, ein zweitesmal den Weg ins Dorf wagten. Es glich einem, der bis zum Wahnwitze entbrannt ist für Schönheit, und spottete der schwächlichen, vom Schicksal Unbegünstigten und machte sie zum Höhne. Sich selber aber liebte es. Und zur Sommerzeit, wenn die Winde stille lagen, lag es auch ganz stille neben dem Brunnquell in des Priesters Garten und blickte auf die Wunder seines eigenen Angesichtes und lachte laut, voll Freude an seiner eigenen Schönheit.

Oft schalten es der Holzhauer und sein Weib und sagten: »Wir haben an dir nicht getan wie du an jenen tust, die verlassen sind und keinen haben, der ihnen hilft. Weshalb bist du so grausam gegen alle, die Erbarmen haben?«

Oft sandte der alte Priester nach ihm und versuchte das Kind über die Liebe des Lebenden zu belehren. Er sprach zu ihm: »Die Fliege ist dein Schwesterlein, tu ihr nichts Böses. Die wilden Vögel, die durch des Waldes Dickicht streichen, sind frei, mache sie nicht, deiner Lust zu frönen, zu Gefangenen. Gott schuf die Blindschleiche und den Maulwurf und jedem ward sein Teil. Wer bist du, dass du Elend in Gottes Welt zu tragen wagst? Selbst die Tiere auf dem Felde preisen ihn.«

Doch das Sternenkind achtete seiner Worte nicht, sondern verzog den Mund spöttisch und blickte höhnisch den alten Priester an und ging zu seinen Gefährten zurück und stellte sich an ihre Spitze. Und seine Gefährten folgten ihm, denn es war schön und leichtbehende, und konnte tanzen und pfeifen und musizieren. Und wo immer das Sternenkind sie hinführte, sie folgten ihm, und was immer das Sternenkind gebot, sie taten es. Und wenn es mit einem spitzen Schilfrohr die trüben Äuglein des Maulwurfs durchbohrte, so lachten sie, und wenn es die Aussätzigen mit Steinen bewarf, lachten sie auch. Und in allen Dingen gebot es über sie, und ihre Herzen wurden hart, wie seines war.

Eines Tages aber geschah es, dass ein armes Bettelweib durch das Dorf daherkam. Ihr Gewand war zerrissen und zerlumpt und ihre Füße bluteten von den rauen Straßen, über die sie gegangen war, und sie war gar übel zugerichtet. Und weil sie müde war, so setzte sie sich unter einen Kastanienbaum, um dort ein wenig zu rasten.

Das Sternenkind war ihrer kaum gewahr geworden, so sprach es auch schon zu seinen Gespielen: »Seht ihr! Da sitzt ein schmutziges Bettelweib unter diesem schönen, grünblätterigen Baume. Kommt! Wir wollen es von hinnen treiben, denn es ist hässlich und missgestaltet.« Darauf trat es näher und warf nach ihr mit Steinen und spottete ihrer. Sie aber blickte es an, und Grauen stand in ihrem Blicke und sie wandte den Blick nicht von ihm ab. Und als der Holzhauer, der in einem nahen Wildfang Holz zerspaltete, das Beginnen des Sternenkindes sah, lief er herbei, verwies es ihm und sprach: »Wahrlich, du bist harten Herzens und kennst kein Erbarmen. Denn was hat dir dies arme Weib zuleide getan, dass du es solcherart behandelst?«

Dem Sternenkinde rötete der Zorn die Wangen. Es stampfte mit den Füßen auf den Boden und entgegnete: »Wer bist du, dass du es wagst, Rechenschaft über mein Tun von mir zu heischen? Ich bin dein Sohn nicht, und schulde dir also auch keinen Gehorsam.«

»Du sprichst allerdings wahr«, entgegnete der Holzhauer. »Doch erwies ich dir Erbarmen, als ich dich im Walde fand.«

Da nun die Frau diese Worte hörte, stieß sie einen lauten Schrei aus und sank bewusstlos zur Erde. Und der Holzhauer trug sie in sein Haus und sein Weib erwies ihr alle Liebe, bis sie aus der Ohnmacht aufstand, in die sie gesunken war. Dann setzten sie ihr Speise und Trank vor und baten sie, gutes Mutes zu sein.

Sie aber berührte weder Speise noch Trank, sondern sagte zum Holzhauer: »Sagtest du nicht, dass jenes Kind im Walde gefunden wurde? Und war das nicht am heutigen Tage, und gerade vor zehn Jahren?«

Und der Holzhauer erwiderte: »Du sagst es. Ich habe es im Walde gefunden. Und heute sind es grade zehn Jahre her.«

»Und welch Kennzeichen trug es an sich?«, rief sie. »Trug es nicht um den Hals eine Kette von Bernstein? War nicht ein Mantel aus goldenem Gewebe darum geschlungen, mit Sternen durchwirkt?«

»Wahrhaftig«, rief der Holzhauer aus, »dem war ganz so, wie du sagst.« Und er nahm den Mantel und die Bernsteinkette aus der Truhe, in der sie lagen, und zeigte sie ihr.

Sie aber brach bei dem Anblicke in Tränen der Freude aus und sagte: »Es ist mein kleiner Sohn, den ich im Walde verloren hatte. Ich flehe dich an, hole ihn auf der Stelle herbei. Denn um ihn zu suchen, habe ich die weite Welt durchwandert.«

Darauf gingen dann der Holzhauer und sein Weib vor die Tür und riefen das Sternenkind herbei und sagten: »Tritt in das Haus, du sollst darinnen deine Mutter finden, die deiner harrt.« Es lief hinein voll Staunen und Entzücken, doch als er sie, die da wartete, erblickte, lachte er hämisch und sagte: »Wo soll wohl meine Mutter sein? Sehe ich doch niemand als dieses gemeine Bettelweib.«

Das Weib sprach leise: »Ich bin deine Mutter.«

»Das spricht der Wahnwitz aus dir!«, schrie zornig das Sternenkind. »Ich bin dein Sohn nicht, du Bettlerin, denn du bist hässlich und zerlumpt. Drum trolle dich von hinnen und lass mich dein scheußliches Gesicht nicht länger schauen!«

»Erbarme dich! Du bist in Wahrheit mein kleiner Sohn, den ich im Walde gebar«, rief sie, fiel auf die Knie und streckte ihm sehnend die Arme entgegen. »Die Räuber haben dich mir gestohlen und dich dem Tode preisgegeben«, stöhnte sie. »Ich aber erkannte dich wieder, sobald ich dich erblickte. Und auch die Kennzeichen habe ich wiedererkannt, den Mantel aus Goldgewebe und die Bernsteinkette. Drum bitte ich dich: Komm mit mir! Bin ich doch über die ganze Welt gewandert, um dich zu suchen. Komm mit mir, mein Sohn, denn ich habe nach deiner Liebe gar großes Verlangen.«

Und endlich sprach er zu ihr, und seine Stimme war hart und bitter: »Bist du in Wahrheit meine Mutter, so wäre es weit besser gewesen, du wärest fortgeblieben und nicht hierher gekommen, um Schande über mich zu bringen. Wähnte ich doch das Kind eines Sternes zu sein und nicht eines Bettlers Kind, wie du mich schiltst. Drum gehe fort von hier und lass dich nicht mehr von mir erblicken!«

»Ach du mein Sohn«, rief sie, »willst du mich nicht küssen, eh ich gehe? Hab' ich doch so viel gelitten, nur um dich zu finden.

»Wahrlich nicht«, sprach das Sternenkind, »allzu scheußlich bist du anzusehen. Eher sollen meine Lippen eine Natter oder eine Kröte küssen als dich!«

Da stand das Weib stillschweigend auf und ging hinaus in den Wald und weinte bitterlich. Das Sternenkind aber freute sich, sobald es sah, dass sie weggegangen war, und lief zurück zu seinen Spielgenossen, um deren Lustbarkeit zu teilen.

Sie aber, als sie seiner ansichtig wurden, verhöhnten es und sprachen: »Seht, es ist scheußlich wie eine Kröte und ekelerregend wie eine Natter! Fort mit dir! Wir dulden nicht, dass deinesgleichen unsere Spiele teile.« Und sie trieben es aus dem Garten hinaus.

Das Sternenkind aber runzelte die Brauen und sprach zu sich selber: »Was sagen sie nur zu mir? Ich will zum Wasserbrunnen gehen und hineinschauen. Der soll mir von meiner Schönheit sprechen.«

So ging es zum Wasserbrunnen und sah hinein. Doch siehe: Sein Kopf glich dem Kopfe einer Kröte und sein Leib war schuppenbedeckt wie ein Schlangenleib. Und es warf sich nieder in das Gras und schluchzte und sprach zu sich selber: »Wahrlich, dies ist durch meine Sünde über mich gekommen. Habe ich doch meine Mutter verleugnet und sie weggejagt. War ich doch stolz und grausam gegen sie. Nun will ich gehen und sie in aller Welt suchen und will nicht rasten noch ruhen, bis ich sie gefunden habe.«

Da aber trat die kleine Tochter des Holzhauers zu ihm, legte die Hand auf seine Schulter und sagte: »Was tut es, wenn du auch deine Schönheit verloren hast. Bleibe bei uns. Ich will deiner nicht spotten.«

Er sprach zu ihr: »Ach, ich glaube dir. Doch war ich grausam gegen meine Mutter, und dies Leiden ist als Strafe über mich gekommen. Drum muss ich von hinnen gehen und durch die ganze Welt wandern, bis ich sie finde und bis mir von ihr Verzeihung zuteil geworden ist.«

Und der Sohn lief hinein in den Wald und rief und rief seiner Mutter zu, sie möge zu ihm kommen, aber keine Antwort erfolgte; und obwohl das Weib noch gar nicht weit fort sein konnte, so war es doch wie vom Erdboden verschwunden.

Den ganzen Tag hindurch rief das Sternenkind, und als die Sonne zur Küste ging, legte es sich zum Schlafe auf ein Laubbett nieder und die Vögel und Tiere des Waldes flohen ihn, denn sie entsannen sich seiner Grausamkeit. Nichts Lebendes war ihm nahe, außer der Kröte, die nach ihm blinzelte, und der trägen Natter, die vorüberkroch.

Am Morgen stand er auf und pflückte etliche bittere Beeren, aß sie und schlug mit wehem Schluchzen den Weg durch das große Dickicht ein. Und was immer ihm begegnete, fragte er, ob es seine Mutter nicht gesehen habe.

Er sprach zum Maulwurf: »Du kennst die Tiefen der Erde, sag mir, birgt sich meine Mutter dort?« Und der Maulwurf antwortete: »Du hast meine Augen geblendet, wie sollte ich es wissen?«

Er sprach zum Hänfling: »Du fliegst über die Wipfel der hohen Bäume hin und blickst weit über die Welt. Sag mir, kannst du meine Mutter sehen?« Und der Hänfling erwiderte: »Du hast meine Flügel gestutzt in böser Lust, wie könnte ich fliegen?«

Und zum kleinen Eichhörnchen, das im Fichtenbaume wohnte und einsam war, sprach er: »Wo ist meine Mutter?« Und das Eichhörnchen erwiderte: »Du hast meine Mutter gemordet. Suchst du nun auch deine zu morden?«

Und das Sternenkind weinte und neigte das Haupt, und bat Gottes Geschöpfe um Vergebung und wanderte hindurch den Wald das Bettelweib zu suchen. Und am dritten Tage gelangte es auf die andere Seite des Waldes und stieg wieder in die Ebene.

Und wo es durch die Dörfer schritt, verspotteten es die Kinder und warfen Steine nach ihm und die Landleute wollten es nicht einmal in der Scheune schlafen lassen, damit es nicht Mehltau über das aufgespeicherte Korn bringe, so scheußlich war es anzusehen. Und die Mietlinge trieben es hinweg. Und keiner war da, der Erbarmen mit ihm hatte.

Auch konnte es nirgends von dem Bettelweib vernehmen, das seine Mutter war, wenngleich es schon drei lange Jahre durch alle Welt gewandert war und auch oft vermeinte, sie vor sich auf dem Wege zu sehen, und ihr dann rief und hinter ihr herlief, bis die scharfen Kiesel seine Füße bluten machten.

Sie einzuholen aber vermochte es nicht, und jene, die am Wegrand wohnten, leugneten stets, sie oder irgend jemand, der ihr glich, gesehen zu haben, und sein Kummer machte allen Spaß.

Drei Jahre lang wanderte das Sternenkind durch die weite Erde, und fand weder Liebe noch liebende Güte noch Nächstenliebe. Allüberall war eine Welt, wie jene, die es selber einst geschaffen hatte in den Tagen seines großen Stolzes.

3.

Und eines Abends gelangte der Sternensohn zum Tore einer mauerumgürteten Stadt, die an einem Stromufer lag. Und waren seine Füße auch müde und wund, so zwang er sie doch, und wollte eintreten durch das Tor. Aber die Soldaten, die Wache hielten, kreuzten ihre Hellebarden vor dem Eingange und ließen ihn rau an: »Was hast du in der Stadt zu suchen?«

»Ich suche meine Mutter«, erwiderte er, »und ich bitte euch gar sehr, lasst mich hinein, denn es mag sein, dass sie hier in der Stadt weilt.«

Sie aber verhöhnten ihn, und einer von ihnen schüttelte den Bart, stieß den Schild auf die Erde und rief: »Wahrhaftig, deine Mutter wird nicht frohlocken, wenn sie dich sieht, denn du bist missgestalter als die Kröte im Sumpf oder die Natter, die im Schlamme kriecht. Scher dich von hinnen, deine Mutter wohnt nicht hier in dieser Stadt.«

Und ein anderer, der ein gelbes Banner in der Hand trug, sagte zu ihm: »Wer ist deine Mutter und warum suchst du sie?«

Und er antwortete: »Meine Mutter ist eine Bettlerin, wie ich ein Bettler bin. Und ich habe übel an ihr gehandelt, und bitte euch, erlaubt mir einzutreten, damit mir ihre Verzeihung werde, sofern sie in dieser Stadt weilt.«

Aber sie verwehrten es ihm und verwundeten ihn mit ihren Speeren. Und da er sich weinend von ihnen abwandte, kam einer, dessen Rüstung mit goldenen Blumen ausgelegt war und auf dessen Helm ein geflügelter Löwe ruhte. Und dieser fragte die Krieger, wer es gewesen sei, der Einlass begehrt habe, und sie antworteten ihm: »Ein Bettler war es, eines Bettlers Kind, und wir haben es von hinnen getrieben.«

»Bewahre«, rief da lachend der Krieger aus, »dies hässliche Wesen wollen wir als Sklaven verkaufen, und der Erlös soll uns einen Humpen süßen Weines verschaffen.«

Da jener also sprach, schritt ein alter Mann mit unheilkündendem Gesicht vorbei und rief sie an und sprach: »Für diesen Preis will ich ihn kaufen!« Und als er den Preis gezahlt hatte, nahm er das Sternenkind bei der Hand und führte es in die Stadt hinein.

Und nachdem sie durch viele Straßen gegangen waren, kamen sie an eine kleine Tür, die in eine Mauer gebrochen war, die ein Granatenbaum beschattete. Und der alte Mann berührte die Tür mit einem Ringe aus geschnittenem Jaspis und sie sprang auf; und sie schritten fünf erzene Stufen hinab in einen Garten, wo grüne Kruge aus gebranntem Ton standen, die mit schwarzem Mohne angefüllt waren. Und der alte Mann zog ein Tuch von gemusterter Seide aus seinem Turban hervor und verband damit dem Sternenkind die Augen und trieb es vor sich her.

Und als das Tuch von seinen Augen gelöst wurde, fand sich das Sternenkind in einem Turmverlies, das nur von einer Hornlaterne erhellt war. Und der alte Mann setzte ihm auf einem Holzbrett schimmeliges Brot vor und sprach: »Da iss!« Und gab ihm faules Wasser in einer Schale und sprach: »Da trink!« Und als es gegessen und getrunken hatte, ging der alte Mann hinaus, schloss die Tür hinter sich ab und befestigte sie mit einer eisernen Kette.

4.

Und am nächsten Tage kam der alte Mann, der der listigste Zauberer Lybiens war und seine Kunst von einem erlernet hatte, der in den Gräbern des Nils hauste, wieder zu ihm herein, blickte finster darein und sprach: »In einem Walde, unfern der Tore dieser Giaurenstadt, liegen drei Klumpen Goldes verborgen: Der eine ist aus weißem Golde, der andere aus gelbem Golde und das Gold des dritten ist rotgleißend. Heute sollst du mir den Klumpen weißen Goldes bringen. Und bringst du ihn nicht, so will ich dich mit hundert Riemen schlagen. Fort mit dir! Bei Sonnenuntergang werde ich dich an der Gartentür erwarten. Achte wohl, dass du mir das weiße Gold bringest, oder es soll dir übel ergehen. Denn du bist mein Sklave, und ich habe dich für einen Humpen Weines gekauft.«

Und er verband dem Sternenkind die Augen mit einem Tuche aus gemusterter Seide und führte es durch das Haus und den Garten voll Mohn und die fünf erzenen Stufen hinan. Und nachdem er die kleine Tür mit seinem Ringe geöffnet hatte, stieß er das Kind auf die Straße hinaus.

Und das Sternenkind ging aus den Toren der Stadt und kam an den Wald, von dem ihm der Zauberer gesprochen hatte. Und der Wald war von außen schön anzuschauen und schien voll singender Vögel und süß duftender Blumen zu sein. Und das Sternenkind betrat ihn frohen Mutes, doch half ihm die Schönheit gar wenig, denn wohin auch sein Fuß trat, schossen scharfe Dornen und Hecken vom Boden auf und umklammerten es und böse Nesseln stachen es und die Disteln verletzten es mit ihren Dolchen, sodass es in großer Not war. Auch vermochte es nirgends den Klumpen weißen Goldes zu finden, von dem der Zauberer gesprochen hatte, wennschon es ihn vom Morgen bis zur Mittagsstunde und von Mittag bis zum Sonnenuntergange suchte. Und mit Sonnenuntergang wandte es das Antlitz heimwärts zu und schluchzte bitterlich, denn es wusste, welch Geschick seiner harrte.

Doch da es den Saum des Waldes erreicht hatte, vernahm es aus dem Dickicht einen Schrei, wie von einem, der in Not ist. Da vergaß es seines eigenen Kummers und lief zur Stelle hin und sah ein Häslein, das in einer Falle gefangen saß, die ihm ein Jäger aufgestellt hatte. Und das Sternenkind fühlte Mitleid mit dem Kleinen und machte es frei und sagte zu ihm: »Ach, bin selber nur ein Sklave, gut, dass ich wenigstens dir die Freiheit zu schenken vermag.«

Und das Häslein antwortete ihm und sprach: »Wahrlich du hast mir die Freiheit geschenkt! Doch was kann ich dir schenken?«

Da sprach das Sternenkind zu ihm: »Ich suche einen Klumpen weißen Goldes. Doch kann ich ihn nicht finden. Und bringe ich ihn meinem Meister nicht mit heim, so wird er mich heftig schlagen.«

»Komm mit mir«, sagte das Häslein, »und ich will dich zu der Stelle hinführen, denn ich weiß, wo er versteckt liegt und zu welchem Zwecke.«

So ging das Sternenkind mit dem Häslein und siehe: Im Stamme eines großen Eichbaumes ward es des Klumpens weißen Goldes gewahr, den es suchte. Und es war der Freude voll und griff danach und sagte zu dem Häslein: »Den Dienst, den ich dir getan habe, hast du mir vielemal vergolten. Und was ich dir an Güte erwies, hast du mir hundertfach zurückgezahlt.«

»Nicht doch«, entgegnete das Häslein, »nur wie du an mir, habe auch ich an dir getan.« Und schnellfüßig sprang es von dannen, und das Sternenkind schritt der Stadt zu.

Nun saß am Tore der Stadt ein Aussätziger. Ein Fetzen grauen Linnens war über sein Gesicht gebreitet, und durch die Augenlöcher glühten seine Augen wie rote Kohlen. Als er das Sternenkind kommen sah, schlug er die hölzernen Becken und klapperte mit seiner Klingel und rief ihm zu und sprach: »Gib mir ein Stück Geldes, oder ich muss Hungers sterben. Denn sie haben mich aus der Stadt gestoßen, und es ist keiner, der mit mir Erbarmen hätte.«

»Ach«, klagte das Sternenkind, »ich habe in meinem Ran-
zen nichts als einen Klumpen Goldes. Und wenn ich den
nicht meinem Meister bringe, schlägt er mich. Denn ich bin
sein Sklave.«

Der Aussätzige aber flehte und flehte, bis das Sternenkind
vor Mitleid weich ward und ihm den Klumpen weißen Goldes schenkte.

Und da es zu des Zauberers Hause kam, öffnete ihm der
Zauberer und führte es hinein und sprach zu ihm: »Hast du
den Klumpen weißen Goldes?« Das Sternenkind erwiderte:
»Ich habe ihn nicht.« Da fiel der Zauberer über den Knaben
her und peitschte ihn und setzte einen leeren hölzernen Teller vor ihn hin und sagte: »Da iss!« Und stellte ihm einen
leeren Becher hin und sagte: »Da trink!« Und warf es wieder
in das Turmverlies.

Am nächsten Morgen aber kam der Zauberer von neuem
und sprach: »Wenn du mir heute nicht den Klumpen gelben
Goldes bringst, so will ich an dir tun, wie man an Sklaven
tut, und dir dreihundert Rutenstreiche aufzählen.«

Da ging das Sternenkind in den Wald und suchte den langen Tag den Klumpen gelben Goldes. Doch es konnte ihn
nirgends finden. Und als die Sonne sank, kauerte es sich auf
den Boden nieder und hob zu schluchzen an. Und als es
schluchzte, kam das Häslein, das es aus der Falle befreit hatte.

Und das Häslein fragte: »Warum weinest du? Was suchst
du hier im Walde?«

Und das Sternenkind erwiderte: »Ich suche den Klumpen
gelben Goldes, der hier verborgen liegt. Und finde ich ihn
nicht, wird mich mein Meister schlagen und an mir tun, wie
man an Sklaven tut.«

»Folge mir!«, rief das Häslein. Und es lief durch den Wald,
bis es zu einem Tümpel Wasser kam. Und auf dem Grunde
dieses Wassers lag der Klumpen gelben Goldes.

»Wie soll ich dir meinen Dank zeigen?«, sprach das Sternenkind. »Siehe, schon zum zweiten Male hast du mich gerettet.«

»Nicht doch! du warst es, der mit mir Erbarmen hatte«, sprach das Häslein und schnellfüßig sprang es von dannen.

Und das Sternenkind nahm den Klumpen gelben Goldes und steckte ihn in sein Ränzel und eilte der Stadt zu. Doch der Aussätzige sah es nahen und lief ihm entgegen und sank in die Knie und schrie: »Gib mir ein Geldstück oder ich muss Hungers sterben!«

Das Sternenkind sprach zu ihm: »Ich trage in meinem Ränzel nichts als einen Klumpen gelben Goldes. Und bringe ich den nicht meinem Meister, so wird er mich schlagen und an mir tun, wie man an Sklaven tut.«

Doch der Aussätzige bat so sehr, dass das Sternenkind Erbarmen hatte und ihm den Klumpen gelben Goldes gab.

Und als es zum Hause des Zauberers kam, öffnete ihm der Zauberer und ließ ihn ein und sprach: »Hast du den Klumpen gelben Goldes?« Und das Sternenkind stammelte: »Ich habe ihn nicht.« Da fiel der Zauberer über den Knaben her und schlug ihn und legte ihn in schwere Ketten und warf ihn wieder in das Turmverlies.

Und am Morgen darauf kam der Zauberer von neuem zu ihm und sagte: »Wenn du mir heute den Klumpen rotgleißenden Goldes bringest, will ich dir die Freiheit schenken. Doch bringst du ihn mir nicht, dann will ich dich schrecklich züchtigen.«

So ging das Sternenkind wiederum in den Wald hinaus und suchte den ganzen Tag hindurch nach dem Klumpen rotgleißenden Goldes, doch es konnte ihn nirgends finden. Und wie der Abend sank, setzte es sich hin und weinte. Und wie es so weinte, kam das Häslein wieder des Weges dahergelaufen.

Und das Häslein sprach zu ihm: »Der Klumpen rotgleißenden Goldes, den du suchest, liegt in der Höhle, der du
den Rücken kehrst. Deshalb weine nicht mehr, sondern
freue dich!«

»Wie soll ich dirs lohnen!«, rief das Sternenkind. »Denn
siehe, schon zum dritten Male danke ich dir meine Rettung.«

»Nicht doch! du warst es, der Mitleid mit mir fühlte«,
erwiderte das Häslein und sprang schnellfüßig von dannen.

Und das Sternenkind trat in die Höhle und in ihrem entle-
gensten Winkel fand es den Klumpen rotgleißenden Goldes,
und legte ihn in sein Ränzel und eilte der Stadt zu.

Und der Aussätzige sah es kommen und trat in die Mitte des Weges und schrie und sprach zu ihm: »Gib mir den
Klumpen rotgleißenden Goldes – oder ich muss sterben.«
Und das Sternenkind hatte auch heute Mitleid mit ihm und
gab ihm den Klumpen rotgleißenden Goldes und sprach:
»Deine Not ist größer als die meine.« Doch sein Herz war
schwer, denn es wusste, welch bitteres Los seiner harrte.

5.

Doch siehe! Als es durch das Tor der Stadt schritt, beugten
sich die Wächter tief vor ihm, und entboten ihm Gehorsam
und sprachen: »Wie herrlich anzusehen ist unser Herr!«

Und ein Haufe Bürgersleute folgte ihm und rief laut:
»Wahrlich, niemand in der ganzen Welt gleicht ihm an
Schönheit«, sodass das Sternenkind weinte und zu sich
selber sprach: »Sie verhöhnen mich und spotten meines
Elends.« Und so groß war der Zulauf des Volkes, dass der
Knabe den Weg verlor und sich plötzlich auf einem großen
Platze fand, auf dem sich eines Königs Schloss erhob.

Und die Tore des Schlosses öffneten sich, und die Priester
und hohen Würdenträger der Stadt eilten ihm entgegen.

Und sie beugten sich tief vor ihm und sprachen: »Du bist unser Herr, auf den wir gewartet haben, und unseres Königs Sohn!«

Da antwortete das Sternenkind und sprach: »Ich bin keines Königs Sohn, sondern das Kind eines armen Bettelweibes; und wie mögt ihr sagen, ich sei schön, da ich doch weiß, dass ich gar hässlich anzuschauen bin!«

Da hielt jener, dessen Rüstung mit goldenen Blumen verzieret war und auf dessen Helm ein geflügelter Löwe ruhte, das Schild empor und rief: »Warum spricht doch mein Herr, dass er nicht schön sei?«

Und das Sternenkind blickte hinein und erkannte, sein Antlitz sah aus, wie es ehedem gewesen war, und all seine Schönheit war ihm zurückgekehrt. In seinen Augen aber bemerkte es etwas, was es selbst zuvor noch nie darin gesehen hatte.

Und die Priester und die hohen Würdenträger knieten nieder und sprachen zu ihm: »Es war von altersher prophezeit, dass er am heutigen Tage kommen würde, der über unsere Herzen herrschen soll. So nehme denn unser Herr diese Krone und dieses Zepter an. Und in seiner Gerechtigkeit und Gnade sei er König über uns!«

Er aber sprach zu ihnen: »Ich bin nicht würdig, denn ich habe die Mutter, die mich geboren hat, verleugnet. Auch kann ich keine Ruhe finden, ehe ich sie gefunden habe und ehe mir von ihr Verzeihung ward. Drum lass mich gehen, denn ich muss von neuem wandern, über die ganze Welt hin und darf hier nicht zögern, und bötet ihr mir auch Krone und Zepter.«

Und da es so sprach, wandte es das Antlitz weg von ihnen, der Straße zu, die zu den Toren der Stadt führte. Und siehe: In der Mitte der Menge, die sich um die Soldaten drängte, ward es des Bettelweibes gewahr, das sich seine Mutter nannte. Und an ihrer Seite stand der Aussätzige, der am Wege gesessen hatte.

Da brach ein lauter Schrei der Freude von seinen Lippen, und der Knabe stürzte auf sie zu und kniete nieder und küsste die wundgelaufenen Füße seiner Mutter und netzte sie mit seinen Tränen.

Er neigte das Haupt in den Staub und schluchzte. Wie einer, dessen Herz schier brechen wollte, sprach er zu ihr: »Oh Mutter, ich habe dich in der Stunde meines Stolzes verleugnet. Nimm du mich hin in der Stunde meiner Buße! Mutter, ich gab dir Hass, gib du mir Liebe! Mutter, ich verschmähte dich; nimm jetzt dein Kind zu dir!« – Doch das Bettelweib antwortete ihm kein einziges Wort.

Und das Sternenkind streckte die Hände aus und umklammerte die blutleeren Füße des Aussätzigen und sprach zu diesem: »Ich hatte Erbarmen mit dir. Bitte du meine Mutter, damit sie zu mir spreche.« Doch der Aussätzige antwortete ihm kein einziges Wort.

Und wieder fing der Knabe an jämmerlich zu schluchzen, und wieder fing er an zu sprechen und zu flehen: »Mutter, mein Leid ist schwerer, als ich zu tragen vermag. Schenk mir Erbarmen und lass mich heimkehren in meinen Wald.«

Da legte das Bettelweib die Hände auf sein Haupt und sprach zu ihm: »Stehe auf!« Und der Aussätzige legte die Hände auf sein Haupt und auch er sprach zu ihm: »Steh auf!«

Da stand er auf und sah die beiden an. Und siehe! Sie waren ein König und eine Königin.

Und die Königin sprach zu ihm: »Dies ist dein Vater, dem du halfest.«

Und der König sagte: »Dies ist deine Mutter, deren Füße du mit deinen Tränen benetztest.«

Und sie fielen ihm um den Hals und küssten den Knaben und führten ihn in den Palast und kleideten ihn in schöne

Gewänder und setzten ihm die Krone auf das Haupt und gaben ihm das Zepter in die Hand. Und er herrschte über die Stadt, die am Stromufer stand, und er war ihr Herr.

Gerechtigkeit und Erbarmen erzeigte das Sternenkind allen und verbannte nur den bösen Zauberer. Und dem Holzhauer und seinem Weibe sandte der junge König gar viele reiche Gaben und erwies auch ihren Kindern hohe Ehren. Er duldete nicht, dass irgendeiner grausam gegen die Vögel oder sonst irgendwelche Tiere sei, sondern lehrte Liebe und Güte und Barmherzigkeit, und gab den Armen Brot und gab den Nackten Kleidung. Und Freude und Überfluss waren im Lande immerdar.

Doch er herrschte nicht lange, denn sein Leid war allzu groß und das Feuer seiner Prüfung allzu verzehrend gewesen, sodass er nach Ablauf von drei Jahren starb. Und jener, der nach ihm kam, herrschte übel.

DER GLÜCKLICHE PRINZ

Der glückliche Prinz

Hoch über der Stadt stand auf einer hohen Säule die Statue des glücklichen Prinzen. Sie war über und über mit dünnen Blättchen von feinem Golde bedeckt, zwei glänzende Saphire hatte sie als Augen und ein großer, roter Rubin glühte am Schwertknauf.

Die Statue wurde von allen aufs höchste bewundert.

»Sie ist so schön wie ein Wetterhahn«, bemerkte einer der Stadträte, dem viel daran gelegen war, als ein geschmackvoller Mann in Kunstdingen zu gelten, »wenn auch nicht ganz so nützlich«, fügte er hinzu, aus Furcht, man könnte ihn für unpraktisch halten, was er aber in der Tat nicht war.

»Warum nimmst du dir kein Beispiel an dem glücklichen Prinzen?«, fragte eine gefühlvolle Mutter ihren kleinen Buben, der den Mond haben wollte und bitterlich weinte. »Der glückliche Prinz denkt nicht an weinen, wenn er etwas nicht bekommen kann.«

»Ich bin froh, dass es in der Welt wenigstens einen gibt, der ganz glücklich ist«, murmelte ein Enttäuschter, indem er die wundervolle Bildsäule betrachtete.

»Er sieht aus wie ein Engel; genau so«, sagten die Waisenkinder, die in ihren glänzenden Purpurröcken und den sauberen weißen Lätzchen aus der Kathedrale kamen.

»Woher wisst ihr das«, fragte der Mathematiklehrer, »da ihr noch nie einen Engel gesehen habt?«

»Oh doch, in unseren Träumen«, antworteten die Kinder, und der Mathematiklehrer runzelte die Brauen und blickte finster drein, denn er war damit nicht einverstanden, dass Kinder träumten.

Da flog eines Nachts ein kleines Schwalbenmännchen über die Stadt. Seine Freunde waren schon vor sechs Wochen nach Ägypten gezogen, aber er blieb noch zurück, denn er liebte eine ganz wunderschöne Schilfblüte. Zeitig im Frühjahr hatte er sie erblickt, als er grade hinter einer dicken gelben Motte her, den Fluss hinunterflog, und die schlanke Taille der Rispe hatte ihm so gefallen, dass er sich niedersetzte, um mit ihr zu plaudern.

»Soll ich dich lieben?«, sagte das Schwalbenmännchen, das gerne geradewegs auf sein Ziel losging, und das Schilffräulein machte ihm eine tiefe Verbeugung. So flog der Schwälberich dann rund um das Rohr herum und berührte das Wasser mit seinen Flügelspitzen und zeichnete silberne Kreise hinein. So machte er ihr den Hof und das dauerte den ganzen Sommer über.

»Es ist ein lächerliches Verhältnis!«, zwitscherten die anderen Schwalben. »Die Rohrdame hat kein Geld und viel zu viel Verwandtschaft.«

Und in der Tat war der ganze Fluss voll Schilf. Und als dann der Herbst kam, flogen auch alle Schwalben davon.

Und als sie fortgeflogen waren, da fühlte sich das Schwälbchen sehr einsam und begann seinen Minnedienst etwas langweilig zu finden. »Es plaudert sich schlecht mit ihr und ich fürchte sehr, dass sie kokett ist, denn sie flirtet immer mit dem Funker Wind.«

Und es war Tatsache, dass die Schilfrispe, so oft der Wind blies, ihm die graziösesten Verbeugungen machte. »Ich gebe zu, dass sie häuslich ist«, fuhr das Schwälbchen fort, »aber ich liebe das Reisen und mein Weib muss also das Reisen ebenfalls gern haben.«

»Willst du mit mir kommen?«, sagte der Schwälberich endlich zu ihr. Aber das Rohrblümchen schüttelte den Kopf, denn es war ja an den Boden gebunden.

»Du hast deinen Scherz mit mir getrieben«, schrie der Schwälberich, »ich reise zu den Pyramiden. Leb wohl!« Und der Schwälberich flog fort.

Den ganzen Tag lang flog er und als die Nacht herein-brach, erreichte er die Stadt. »Wo soll ich absteigen?«, fragte er sich. »Ich hoffe, die Stadt hat einige Empfangsvorberei-tungen getroffen!«

Da gewahrte der Schwälberich die Statue auf der gewal-tigen Säule.

»Hier will ich absteigen!«, rief er aus. »Das ist ein schönes Plätzchen und frische Luft gibt es hier genug.« Und er ließ sich gerade zwischen den Füßen des glücklichen Prinzen nieder.

»Ich habe ja ein goldenes Schlafzimmer«, sagte er erfreut zu sich selbst, indem er sich umsah und sich zum Schlafen vorbereitete. Aber gerade wie er seinen Kopf unter die Flü-gel stecken wollte, fiel ein schwerer Wassertropfen nieder. »Wie seltsam!«, rief das Schwälbchen. »Am Himmel steht keine einzige Wolke, die Sterne sind ganz hell und klar und doch regnet es. Das Klima im nördlichen Europa ist doch wirklich abscheulich. Das Rohrblümchen liebte ja den Re-gen, aber das war nichts als Egoismus.«

Ein zweiter Tropfen fiel.

»Wozu ist denn eine Bildsäule eigentlich da, wenn sie nicht einmal den Regen abhalten kann«, sagte er. »Ich schaue mich lieber nach einem braven Schornstein um!« Und der Vogel wollte schon davonfliegen.

Aber bevor er noch seine Flügel entfaltet hatte, fiel ein dritter Tropfen und er blickte empor und sah – ach, was sah er?

Die Augen des glücklichen Prinzen waren voll Tränen, und die Tränen rollten an den goldenen Wangen nieder. Und sein Gesicht war so wunderschön im Mondlicht, dass der Schwälberich wirklich ein tiefes Mitleid empfand.

»Wer bist du?«, fragte er.

»Ich bin der glückliche Prinz.«

»Warum weinst du dann?«, fragte der Vogel weiter. »Ich bin ja schon fast ganz durchnässt.«

»Als ich lebte und noch ein menschliches Herz hatte«, antwortete die Statue, »da wusste ich nicht, was Tränen sind, denn ich lebte im Palaste sorgenfrei, dessen Schwelle die Sorge nicht betreten darf. Tagsüber spielte ich mit meinen Gefährten im Garten und abends führte ich in der großen Halle den Tanz an. Rings um den Garten lief eine sehr hohe Mauer, aber ich kümmerte mich niemals darum, was hinter der Mauer lag, denn alles um mich her war eitel Schönheit. Meine Hofleute nannten mich den glücklichen Prinzen und ich war in der Tat glücklich, wenn Vergnügen dasselbe ist wie Glück. So lebte ich und so starb ich. Und nun, da ich gestorben bin, haben sie mich hier so hoch hinaufgestellt, dass ich alle Hässlichkeit und alles Elend meiner Stadt sehen kann, und obgleich mein Herz aus Blei ist, kann ich nichts anderes tun als weinen.«

»Wie, es ist nicht durch und durch aus Gold?«, sprach das Schwälbchen zu sich, denn es war doch zu höflich, um solch eine persönliche Bemerkung laut werden zu lassen.

»Weit, weit von hier«, fuhr die Bildsäule mit einer tiefen, klangvollen Stimme fort, »weit, weit von hier steht ein armseliges Häuschen in einer kleinen Straße. Eines der Fenster steht offen und ich sehe eine Frau an einem Tische sitzen. Ihr Gesicht ist schmalwangig und verhärmt, und sie hat raue, rote Hände, ganz zerstochen von der Nadel, denn sie ist eine Näherin. Sie stickt Passionsblumen in ein Seidengewand für das lieblichste aller Ehrenfräulein der Königin, um es auf dem nächsten Hofball zu tragen. In einem Bett in einer Ecke des Zimmers liegt ihr kleiner kranker Sohn. Ihn schüttelt das Fieber und er möchte Apfelsinen haben. Seine Mutter aber kann ihm nichts geben als Wasser aus dem Fluss, und daher weint er. Schwälbchen, Schwälbchen, kleines Schwälbchen, willst du ihr nicht den Rubin aus meinem Schwertgriff bringen? Meine Füße sind auf dem Sockel festgenietet und ich kann mich nicht bewegen.«

»Man erwartet mich in Ägypten«, sagte der Vogel. »Meine Freunde fliegen den Nil auf und ab und flüstern mit den großen Lotosblumen. Bald werden sie schlafen gehen im Grabe des großen Königs. Der liegt in einer gemalten Truhe und ist in gelbes Linnen gehüllt und mit Gewürzen balsamiert. Um seinen Hals liegt eine Kette aus blassem, grünem Nephrit, und seine Hände gleichen vertrockneten Blättern.«

»Schwälbchen, Schwälbchen, kleines Schwälbchen«, sagte der Prinz, »willst du nicht noch diese eine Nacht bei mir bleiben und mein Bote sein? Der Knabe hat so großen Durst und die Mutter ist so traurig.«

»Weißt du, ich mache mir wenig aus Knaben«, antwortete das Schwälbchen. »Als ich im letzten Sommer am Flusse wohnte, da waren zwei rohe Buben dort, die Söhne des Müllers, und sie warfen Steine nach mir. Natürlich trafen sie mich nicht. Wir Schwalben fliegen viel zu schnell, und überdies stamme ich aus einer Familie, die wegen ihrer Hurtigkeit berühmt ist. Trotzdem war es ein Zeichen mangelnden Respekts.«

Aber der glückliche Prinz blickte so traurig drein, dass der kleine Schwalbenmann ganz betrübt wurde. »Es ist zwar kalt hier«, sagte er, »aber ich will eine Nacht bei dir bleiben und dein Bote sein.«

»Ich danke dir, kleine Schwalbe«, sagte der Prinz.

Und der Schwälberich pickte den großen Rubin aus dem Schwerte des Prinzen, und fasste ihn mit dem Schnabel und flog damit über die Dächer der Stadt.

Er flog am Turm der Kathedrale vorbei, wo die weißen Marmorengel stehen, er flog am Palast vorbei und hörte darin Tanz und Musik. Ein schönes Mädchen kam mit dem Geliebten auf den Balkon. »Wie wundervoll die Sterne sind«, sagte er zu ihr, »und wie wundervoll die Macht der Liebe ist!«

»Ich hoffe, mein Kleid wird für den Hofball fertig werden«, antwortete sie. »Ich habe mir Passionsblumen darauf sticken lassen, aber die Schneiderinnen sind so faul.«

Er flog über den Fluss und sah die Laternen blinken an den Masten der Schiffe. Er flog über das Ghetto, und sah die alten Juden miteinander handeln und das Geld in kupfernen Schalen wiegen. Endlich kam er zu dem armseligen Häuschen und schaute hinein. Der Knabe lag fiebernd in seinem Bett und die Mutter war vor Müdigkeit eingeschlafen.

Der Schwälberich hüpfte ins Zimmer und legte den großen Rubin auf den Tisch grade neben den Fingerhut der Frau. Dann kreiste er mit leichtem Flügelschlag um das Bett und fächelte mit seinen Schwingen die Stirne des Knaben. »Ach, wie kühl es wird«, sagte das Kind, »jetzt wird mir gewiss besser werden.« Und der Knabe sank in einen süßen Schlaf.

Dann flog der Vogel zurück zum glücklichen Prinzen und erzählte ihm, was es getan hatte. »Es ist seltsam«, fügte er hinzu, »aber mir ist mit einem Male ganz warm geworden, obgleich es doch so kalt ist.«

»Das kommt daher, weil du eine gute Tat vollbracht hast«, sagte der Prinz. Und das kleine Schwälbchen begann nachzudenken, und dann schlief es ein. Denken machte es immer schläfrig.

Als der Tag anbrach, flog der Schwälberich zum Flusse und nahm ein Bad. »Welch ein seltsames Phänomen«, sagte der Professor der Ornithologie, der gerade über die Brücke ging. »Eine Schwalbe im Winter!« Und er schrieb darüber einen langen Brief an die Neuesten Nachrichten. Jedermann sprach davon, aber der Artikel war so voll Gelehrsamkeit, dass ihn keiner so recht verstand.

»Heute nacht reise ich nach Ägypten«, sagte der Vogel und war äußerst vergnügt bei dieser Aussicht. Er besuchte alle öffentlichen Denkmälerbauten und saß lange Zeit auf der Kirchturmspitze. Wohin er kam, zwitscherten die Sperlinge und sagten zueinander: »Welch ein vornehmer Fremdling!« Und das freute den Schwälberich gar sehr.

Als der Mond aufging, flog er zurück zum glücklichen Prinzen. »Hast du was zu bestellen in Ägypten?«, rief er. »Ich reise jetzt hin!«

»Schwälbchen, Schwälbchen, kleines Schwälbchen«, sagte der Prinz, »willst du nicht noch eine Nacht bei mir bleiben?«

»Man erwartet mich in Ägypten«, antwortete der Vogel. »Morgen fliegen meine Freunde bis zum zweiten Katarakt. Dort liegt das Nilpferd im hohen Riedgrase und auf einem großen granitnen Thron sitzt der Gott Memnon. Jede Nacht blickt er die Sterne an, und wenn der Morgenstern aufblitzt, so stößt er einen Freudenschrei aus und dann ist er wieder stumm. Und zu Mittag kommen die gelben Löwen ans Ufer zur Tränke. Sie haben Augen wie grüne Berylle, und ihr Brüllen ist lauter als das Brüllen des Katarakts.«

»Schwälbchen, Schwälbchen, kleines Schwälbchen«, sagte der Prinz. »Weit am anderen Ende der Stadt seh ich einen jungen Mann in einer Dachstube. Er sitzt an seinem Schreibtisch, der über und über mit Papieren bedeckt ist und in einem Glase neben ihm steckt ein Sträußchen verwelkter Veilchen. Sein Haar ist braun und lockig und seine Lippen sind rot wie eine Granatblüte und er hat große, verträumte Augen. Er versucht an einem Schauspiel für das Theater zu arbeiten, aber er kann vor Kälte die Finger nicht rühren. Im Ofen gibt es kein Feuer mehr und der Hunger hat ihn schwach gemacht.«

»Ich will abermals eine Nacht bei dir bleiben«, sagte der Schwälberich, der wirklich ein gutes Herz hatte, »soll ich ihm auch einen Rubin bringen?«

»Ach, ich habe keinen Rubin mehr«, sagte der Prinz, »meine Augen sind alles, was ich noch habe. Sie sind aus kostbaren Saphiren gemacht, die man vor vielen tausend Jahren aus Indien herbeibrachte. Picke eines meiner Augen aus und bringe es ihm. Er wird es zu einem Juwelier tragen, er wird sich Nahrung und Feuerung dafür kaufen und sein Stück zu Ende bringen können.«

»Teurer Prinz«, sagte der Vogel, »das kann ich nicht tun!« Und er begann zu weinen.

»Schwälbchen, Schwälbchen, kleines Schwälbchen«, sagte der Prinz, »tue, wie ich dir befahl.«

So pickte der Schwälberich dem Prinzen ein Auge aus und flog damit zur Dachkammer des Studenten. Es war leicht hineinzukommen, denn im Dache war ein Loch. Durch dieses Loch schlüpfte der Vogel ins Zimmer. Der junge Mann hatte seinen Kopf in den Händen vergraben und hörte darum das Flattern der Flügel nicht, und als er aufsah, fand er den schönen Saphir auf dem verwelkten Veilchenstrauß.

»Man beginnt mich zu würdigen«, rief er aus. »Dieser Stein kommt gewiss von irgendeinem meiner Bewunderer. Nun kann ich mein Stück vollenden!« Und er blickte ganz glücklich darein.

Am nächsten Tage flog das Schwälbchen zum Hafen hinunter, setzte sich auf den Mast eines großen Schiffes und sah zu, wie die Matrosen große Ballen an Seilen aus dem Schiffsraum nach oben wanden. »Ahoi!«, schrien sie, so oft ein Ballen emporkam. »Ich reise nach Ägypten«, rief das Schwälbchen, aber niemand kümmerte sich darum, und als der Mond aufging, flog der Vogel zurück zu dem glücklichen Prinzen.

»Ich komme, um Lebewohl zu sagen«, rief er ihm zu.

»Schwälbchen, Schwälbchen, kleines Schwälbchen, willst du nicht noch eine Nacht bei mir bleiben?«

»Es ist Winter«, antwortete das Schwälbchen, »und der hohe Schnee wird bald da sein. In Ägypten ist die Sonne warm und die Palmen sind grün, und die Krokodile liegen im Schlamm und blinzeln faul vor sich hin. Meine Gefährten bauen ihr Nest im Tempel von Baalbek und rot und weißgesprenkelte Tauben schauen zu und gurren. Teurer Prinz, ich muss dich verlassen, aber ich werde dich nie vergessen, und im nächsten Frühjahr bringe ich dir zwei schöne Juwelen mit an Stelle derer, die du weggegeben hast. Der Rubin soll roter sein als eine rote Rose und der Saphir so blau wie das weite Meer.«

»Unten auf dem Platze«, sagte der glückliche Prinz, »steht ein kleines Zündhölzchenmädel, die hat ihre Zündhölzchen in die Gosse fallen lassen, und nun sind sie alle verdorben. Ihr Vater wird sie schlagen, wenn sie kein Geld nach Hause bringt und dann weint sie. Sie hat nicht Schuhe noch Strümpfe und ihr kleiner Kopf ist bloß. Picke nur das andere Auge aus und bring es ihr und ihr Vater wird sie nicht schlagen.«

»Ich will noch eine Nacht bei dir bleiben«, sagte der Schwälberich, »aber ich kann dein anderes Auge nicht auspicken. Dann wärest du ja ganz blind.«

»Schwälbchen, Schwälbchen, liebes Schwälbchen«, sagte der Prinz, »tue, wie ich dir befahl.«

So pickte der kleine Vogel dem Prinzen das andere Auge auch aus und flog damit hernieder. Es flitzte an dem Zündhölzchenmädel vorüber und ließ das Juwel in ihre Hand fallen. »Welch ein entzückendes Stückchen Glas!«, rief das kleine Mädchen und lief lachend nach Hause.

Dann kam das Schwälbchen zurück zum Prinzen. »Nun bist du blind«, sagte es, »und ich werde immer bei dir bleiben.«

»Nein, kleines Schwälbchen«, sagte der Prinz, »du musst fort nach Ägypten.«

»Ich will immer bei dir bleiben«, sagte das Schwälbchen und schlief zu den Füßen des Prinzen ein.

Den ganzen nächsten Tag saß der Vogel auf des Prinzen Schulter und erzählte ihm Geschichten von all den fremden Ländern, die es gesehen hatte. Es erzählte ihm von den roten Ibissen, die in langen Reihen an den Ufern des Niles stehen und Goldfische mit ihren Schnäbeln fangen, von der Sphinx, die so alt ist wie die Welt und in der Wüste lebt und alles weiß, von Kaufleuten, die langsam neben den Kamelen einhertrotten und Ambrakügelchen durch die Finger gleiten lassen, vom König der Mondberge, der so schwarz ist wie Ebenholz und einen großen Kristall anbetet, von der langen grünen Schlange, die auf einer Palme lebt und zwanzig Priester hat, die sie mit Honigkuchen füttern, und von den Pygmäen, die auf breiten flachen Blättern über einen großen See hinsegeln und immer mit den Schmetterlingen Krieg führen.

»Liebes, kleines Schwälbchen«, sagte der Prinz, »du erzählst mir von wunderbaren Dingen, aber wunderbarer als alles ist das Leiden von Mann und Weib. Das Mysterium des Elends ist das größte von allen. Fliege über meine Stadt, kleines Schwälbchen, und erzähle mir, was du darin siehst.«

So flog denn der Schwälberich über die große Stadt und sah, wie die Reichen glücklich waren in den schönen Häusern, indes die Bettler vor den Toren kauerten. Es flog in dunkle Gässchen und sah die bleichen Gesichter hungernder Kinder, die mit abgestumpften Blicken gleichgültig die schwarze Straße hinabschauten. Unter einem Brückenbogen lagen zwei kleine Knaben, einer in des anderen Arm, und versuchten aneinander warm zu werden. »Wir haben solchen Hunger«, sagten sie. »Ihr dürft hier nicht liegen!«, schrie sie der Wächter an und sie wanderten hinaus in den Regen.

Da flog das Schwälbchen zurück und erzählte dem Prinzen, was es gesehen hatte.

»Ich bin ganz bedeckt mit feinem Golde«, sagte der Prinz, »und das musst du ablösen, Blättchen für Blättchen. Dann gib es meinen Armen. Die Lebenden glauben immer, dass sie das Gold glücklich machen kann.«

Das Schwälbchen pickte Blättchen für Blättchen des feinen Goldes fort, bis der glückliche Prinz ganz stumpf und düster aussah. Und Blättchen für Blättchen des feinen Goldes brachte das Schwälbchen den Armen, und die Gesichter der Kindlein wurden rosig und sie lachten und spielten in den Straßen und riefen: »Nun haben wir Brot!«

Dann kam der Schnee und nach dem Schnee kam der Frost. Die Straßen sahen aus, als wären sie mit Silber gepflastert, und sie glänzten und glitzerten. Lange Eiszapfen hingen gleich kristallenen Dolchen von den Dachtraufen der Häuser herunter, die Leute gingen in dicken Pelzen, und die kleinen Buben trugen scharlachrote Mützen mit Ohrenklappen und liefen Schlittschuh auf dem Eise. Dem armen kleinen Schwälbchen wurde kälter und kälter, aber es wollte den Prinzen nicht verlassen, denn es liebte ihn zu sehr. Es pickte Brotkrumen vor des Bäckers Tür auf, wenn der Bäcker grade nicht hinsah, und versuchte sich zu erwärmen, indem es mit den Flügeln schlug.

Aber endlich wusste der Schwälberich, dass er sterben müsse. Er hatte gerade noch soviel Kraft, um noch einmal auf die Schulter des Prinzen zu flattern. »Leb wohl, teurer Prinz!«, lispelte er ganz leise, »willst du mich deine Hand küssen lassen?«

»Ich bin froh, dass du endlich nach Ägypten gehst, kleines Schwälbchen!«, sagte der Prinz. »Du bist zu lange hier geblieben, lieber Vogel. Aber du musst mich auf die Lippen küssen, denn ich liebe dich!«

»Ich gehe nicht nach Ägypten«, sagte das Schwälbchen. »Ich gehe zum Hause des Todes. Der Tod ist der Bruder des Schlafes, nicht wahr?«

Und das Schwälbchen küsste den glücklichen Prinzen auf die Lippen und fiel tot nieder zu seinen Füßen.

In diesem Augenblicke gab es ein merkwürdiges Knacken in der Bildsäule, als ob etwas gebrochen sei. Und wirklich war das bleierne Herz in zwei Teile gesprungen. Der Frost war aber auch furchtbar streng.

Früh am nächsten Morgen spazierte der Bürgermeister unten auf dem Platz in Gesellschaft der Stadträte. Als sie an der Säule vorüberkamen, sah er an dem Standbild hinauf.

»Oh du meine Güte«, sagte er, »wie schäbig doch der glückliche Prinz aussieht!«

»Schrecklich schäbig!«, riefen die Stadträte, die immer mit dem Bügermeister einer Meinung waren; und sie gingen hinauf, um die Sache näher in Augenschein zu nehmen.

»Der Rubin ist aus dem Schwertgriff herausgefallen, seine Augen sind fort und die Vergoldung ist weg«, sagte der Bürgermeister. »Er sieht wirklich aus wie ein Bettler.«

»Ganz wie ein Bettler«, sagten die Stadträte.

»Und da liegt noch ein toter Vogel zu seinen Füßen«, fuhr der Bürgermeister fort. »Wir müssen wirklich einen Ukas erlassen, dass die Vögel hier nicht sterben dürfen.« Und der Stadtschreiber notierte sich den wichtigen Vorschlag.

Und so wurde das Standbild des glücklichen Prinzen von seiner Säule heruntergenommen.

»Da es nicht mehr schön ist, hat es auch weiter keinen Zweck mehr«, sagte der Professor der Kunstgeschichte an der Universität.

Dann wurde die Statue in einem Brennofen zerschmolzen und der Bürgermeister rief eine Ratssitzung ein, um zu entscheiden, was mit dem Metall zu geschehen habe. »Wir müssen natürlich ein anderes Denkmal haben«, sagte er, »und das soll mein Bildnis sein.«

»Mein Bildnis!«, sagte jeder der Stadträte und sie gerieten in Streit. Als ich zuletzt von ihnen hörte, zankten sie sich noch immer darum.

»Wie merkwürdig«, sagte der Werkführer in der Schmelz-Hütte. »Dieses gebrochene Bleiherz will im Ofen nicht schmelzen. Wir müssen es wohl wegwerfen.« So warfen sie es auf einen Schutthaufen, wo auch schon das tote Schwälb-chen lag.

»Bringe mir die beiden kostbarsten Dinge aus dieser Stadt«, sagte Gott zu einem seiner Engel. Und der Engel brachte ihm das bleierne Herz und den toten Vogel.

»Du hast gut gewählt«, sagte Gott, »denn im Garten des Paradieses soll dieser kleine Vogel nun für Ewigkeit singen und in meiner goldenen Stadt soll mich der glückliche Prinz lobpreisen.«

Die Nachtigall und die Rose

Sie sagt, dass sie mit mir tanzen würde, wenn ich ihr rote Rosen brächte!«, rief der junge Student. »Aber in meinem ganzen Garten ist keine rote Rose.«

Die Nachtigall hörte ihn aus ihrem Neste in der Steineiche und lugte durch das Blätterwerk, und wunderte sich.

»Wirklich keine einzige rote Rose in meinem ganzen Garten!«, rief er aus, und seine schönen Augen füllten sich mit Tränen. »Ach, von welchen kleinen Dingen das Glück zuweilen abhängt. Ich habe alles gelesen, was die weisen Männer geschrieben haben, alle Geheimnisse der Philosophie sind mir kund, und weil ich keine rote Rose habe, möchte ich am Leben verzweifeln!«

»Da ist endlich einmal ein treuer Liebhaber«, sagte die Nachtigall. »Zur Nacht habe ich von ihm gesungen, obgleich ich ihn nicht kannte. Nacht für Nacht habe ich seine Geschichte den Sternen erzählt und nun sehe ich ihn endlich von Angesicht. Sein Haar ist dunkel wie die Hyazinthe und seine Lippen sind rot wie die Rose seiner Sehnsucht. Aber Leidenschaft gab seinem Gesicht die Farbe des bleichen Elfenbeins und der Kummer drückte ihm sein Siegel auf die Stirn.«

»Der Prinz gibt morgen abend einen Ball«, murmelte der junge Student, »und sie, die ich liebe, wird dort sein. Wenn ich ihr eine rote Rose bringe, wird sie mit mir tanzen, bis der Morgen anbricht. Wenn ich ihr eine rote Rose bringe, werde ich sie an meiner Brust halten und ihre Hand wird in meiner Hand liegen. Aber es gibt keine rote Rose in meinem Garten, und so werde ich einsam sitzen und sie wird an mir vorübergehen. Sie wird sich um mich nicht kümmern und das Herz wird mir brechen.«

»Das ist wirklich ein treuer Liebhaber«, sagte die Nachtigall. »Was ich besinge, leidet er. Was für mich Freude ist,

ist für ihn Schmerz. Es ist wirklich etwas wundervolles um die Liebe. Liebe ist kostbarer als Smaragd und wertvoller als der feinste Opal. Man kann sie nicht kaufen um Perlen und Granaten, und sie ist auf keinem Markt zu haben. Sie ist bei den Händlern nicht feil und sie kann auf der Goldwaage nicht gewogen werden.«

»Die Musiker werden auf der Galerie sitzen«, sagte der Student, »und sie werden die Saiten ihrer Instrumente streichen und sie, die ich liebe, wird tanzen zum Ton der Harfen und Geigen. Sie wird so leicht tanzen, dass ihre Füßchen kaum den Boden berühren, und die Hofleute in ihren bunten Staatsgewändern werden sie umlagern. Aber mit mir wird sie nicht tanzen, denn ich habe keine rote Rose, um sie ihr zu geben«, und er warf sich ins Gras und vergrub sein Gesicht in den Händen und weinte.

»Warum weint er denn?«, fragte ein kleines Eidechslein, das mit dem Schwänzlein in der Luft vorüberrannte.

»Warum weint er denn?«, fragte ein Schmetterling, der hinter einem Sonnenstrahl einherhuschte.

»Warum weint er denn?« flüsterte ein Gänseblümchen mit seiner weichen, tiefen Stimme seinem Nachbar zu.

»Er weint um eine rote Rose!«, sagte die Nachtigall.

»Um eine rote Rose?«, riefen alle. »Wie lächerlich!« Und die kleine Eidechse, die ein bisschen zynisch angelegt war, lachte aus vollem Halse.

Aber die Nachtigall verstand den geheimnisvollen Kummer des Studenten, und saß schweigend in ihrem Baum und dachte über das Geheimnis der Liebe nach.

Plötzlich breitete sie ihre braunen Flügel aus und erhob sich in die Luft. Sie huschte wie ein Schatten durch den Hain und segelte wie ein Schatten durch den Garten. In der Mitte des Grasplatzes stand ein schöner Rosenstock und als sie ihn erblickte, flog sie darauf zu und setzte sich auf einen Zweig.

»Gib mir eine rote Rose«, sagte sie, »und ich will dir mein süßestes Lied singen.«

Aber der Strauch schüttelte den Kopf.

»Meine Rosen sind weiß, weiß wie der Schaum des Meeres und weißer, als der Schnee auf den Bergen. Aber geh zu meinem Bruder, der drüben um die alte Sonnenuhr wächst, vielleicht gibt dir der, was du wünschest.«

So flog denn die Nachtigall zum Rosenstrauch hinüber, der sich um die alte Sonnenuhr rankte. »Gib mir eine rote Rose«, sagte sie, »und ich will dir mein süßestes Lied singen.« Aber der Strauch schüttelte den Kopf.

»Meine Rosen sind gelb«, antwortete er, »so gelb wie das Haar des Meermädchens, das auf einem Bernsteinthron sitzt, und gelber als die Narzisse, die auf den Wiesen blüht, bevor der Schnitter mit seiner Sense kommt. Aber geh zu meinem Bruder, der unter dem Fenster des Studenten steht, vielleicht gibt dir der, was du wünschest.«

So flog die Nachtigall zum Rosenstrauch, der unter dem Fenster des Studenten blühte.

»Gib mir eine rote Rose«, sagte sie, »und ich werde dir mein süßestes Lied singen.«

Aber der Strauch schüttelte den Kopf.

»Meine Rosen sind rot«, sagte er, »so rot wie die Füße der Taube und roter als die korallenen Fächer, die die Meerflut in tiefster Grotte auf- und niederbewegt. Aber der Winter hat meine Adern erstarrt, und der Frost hat meine Knospen zernagt, und der Sturm hat meine Zweige gebrochen, und so werde ich dieses Jahr keine Rosen mehr tragen.«

»Eine einzige rote Rose ist alles, was ich haben will«, sagte die Nachtigall. »Eine einzige rote Rose. Gibt es denn keinen Weg, sie mir zu verschaffen?«

»Es gibt einen Weg«, antwortete der Rosenstrauch, »aber er ist so schrecklich, dass ich ihn dir kaum zu nennen wage.«

»Nenn ihn mir nur«, sagte die Nachtigall, »ich fürchte mich nicht.«

»Wenn du eine rote Rose haben willst«, sagte der Strauch, »so forme sie aus deinen Liedern im Licht des Mondes und färbe sie mit deinem eigenen Herzblut. Du musst mir dein Lied singen, und dir dabei einen Dorn in die Brust drücken. Die ganze Nacht musst du singen für mich, und der Dorn muss dein Herz durchbohren. Und dein Lebensblut muss durch meine Adern fließen und mein werden.«

»Sterben ist ein hoher Preis für eine rote Rose«, rief die Nachtigall, »und das Leben ist allen teuer. Es ist so schön, im grünen Walde zu sitzen und zu sehen, wie die Sonne in goldener Karosse herauffährt und wie der Mond kommt in seiner Perlenkutsche. Süß ist der Duft des Weißdorns und süß sind die Glockenblumen, die heimlich im Tale blühen, und das Heidekraut ist süß, das auf den Hügeln prangt. Aber Liebe ist mehr als Leben, und was ist das Herz eines Vogels im Vergleich zum Herzen eines Menschen?«

Und so breitete sie ihre braunen Flügel zum Fluge aus und erhob sich in die Luft. Sie flog wie ein Schatten durch den Garten und segelte wie ein Schatten durch den Hain.

Der junge Student lag noch immer im Grase, wo sie ihn verlassen hatte und die Tränen waren in seinen schönen Augen noch immer nicht getrocknet.

»Werde glücklich«, rief die Nachtigall, »werde glücklich! Denn du sollst deine rote Rose haben. Ich will sie formen aus meinen Liedern im Licht des Mondes, und mit meinem eigenen Herzblut will ich sie färben. Alles, was ich von dir dafür verlange, ist, dass du ein treuer Liebhaber bleibest, denn Liebe ist weiser als Philosophie, so weise diese sein mag, und mächtiger als Kraft, so mächtig diese sein mag. Flammenfarbig sind ihre Flügel und ebenso ihr Leib. Ihre Lippen sind süß wie Honig und ihr Atem ist wie Weihrauch.«

Der Student blickte vom Rasen auf und horchte, aber er konnte nicht verstehen, was ihm die Nachtigall sang, denn er wusste nur die Dinge, die in den Büchern geschrieben stehen.

Aber der Eichbaum verstand jedes Wort und wurde sehr traurig, denn er liebte die kleine Nachtigall, die in seinen Zweigen ihr Nest gebaut hatte.

»Sing mir noch ein letztes Lied«, flüsterte er. »Ich werde sehr einsam sein, wenn du fort bist.«

Und die Nachtigall sang dem Eichbaum ein Lied und ihre Stimme war dem Wasser gleich, das aus einer silbernen Schale sprudelt.

Als sie ihr Lied beendet hatte, stand der Student auf und zog ein Notizbuch und einen Bleistift aus der Tasche.

»Sie hat ihre Kunst«, sagte er zu sich selbst, als er aus dem Haine schritt, »das ist unleugbar, aber hat sie auch Gefühl? Ich glaube kaum. Sie gleicht den meisten Künstlern: Alles ist Stil, nichts innerliches Gefühl. Sie würde sich für andere nicht aufopfern. Sie denkt ausschließlich an ihre Musik und jedermann weiß ja, wie egoistisch die Künstler sind. Aber man muss zugeben, dass sie einige sehr schöne Töne in der Kehle hat. Jammerschade, dass sie keinen tieferen Sinn haben und praktisch nichts bedeuten!« Und er ging in sein Zimmer und legte sich auf sein schmales Bett und begann über seine Liebe nachzudenken, und nach kurzer Zeit schlief er ein.

Und als der Mond am Himmel prangte, flog die Nachtigall zum Rosenstrauch und drückte ihre Brust gegen einen Dorn. Die ganze Nacht sang sie, den Dorn gegen ihre Brust gepresst, und der kalte, kristallene Mond neigte sich herab und hörte zu. Die ganze Nacht sang sie, und der Dorn drang immer tiefer und tiefer in ihre Brust und ihr Lebensblut vertröpfelte immer mehr und mehr.

Sie sang zuerst vom Werden und Wachsen der Liebe im Herzen eines Jünglings und eines Mädchens. Und auf dem obersten Zweig des Rosenstrauches entsprosste eine wunderbare Rose, und Blatt fügte sich an Blatt wie sich Ton an Ton fügte. Zuerst war sie bleich wie der Nebel, der über dem Flusse dämmert, bleich wie die Füße des Morgens und silbern wie die Schwingen der Dämmerung. Wie der Schatten einer Rose in einem Silberspiegel, wie der Schatten einer Rose in einem Teich, so war die Rose, die da aufblühte am obersten Zweige des Rosenstrauches. Aber der Strauch rief der Nachtigall zu, den Dorn tiefer einzudrücken. »Drücke ihn tiefer, kleine Nachtigall«, rief der Strauch, »sonst kommt der Tag, bevor die Rose vollendet ist.«

So drückte die Nachtigall den Dorn tiefer und tiefer in ihre warme Brust und lauter und lauter erscholl ihr Lied, denn sie sang von dem Erwachen der Leidenschaft in der Seele eines Mannes und einer Jungfrau.

Und ein zartgehauchtes Rot erschien auf den Blättern der Rose, wie sich die Wange des Bräutigams rötet, wenn er die Lippen der Braut küsst. Aber der Dorn hatte ihr Herz noch nicht erreicht und so blieb das Herz der Rose weiß, denn nur das Herzblut einer Nachtigall färbt das Herz einer Rose mit dem tiefen Not.

Und der Strauch rief der Nachtigall zu, den Dorn tiefer einzudrücken. »Drück ihn tiefer, kleine Nachtigall«, rief der Strauch, »sonst kommt der Tag, bevor die Rose vollendet ist.«

So drückte die Nachtigall den Dorn tiefer und tiefer in ihre warme Brust und der Dorn berührte ihr Herz und sie fühlte den heftigen Stich eines Schmerzes. Der Schmerz war groß, und wilder und wilder wurde ihr Gesang, denn sie sang von der Liebe, die der Tod heiligt, von der Liebe, die auch im Grabe nicht stirbt.

Und die wunderbare Rose wurde rot wie die Rose des östlichen Himmels. Rot war der Kranz ihrer Blätter und rot wie ein Rubin war ihr Herz.

Aber die Stimme der Nachtigall wurde schwächer, und ihre kleinen Flügel begannen zuckend zu schlagen und über ihre Augen legte sich ein leichter Schleier. Schwächer und schwächer wurde ihr Gesang und sie fühlte etwas in der Kehle.

Dann brach noch einmal das Lied schluchzend aus ihr hervor. Der weiße Mond hörte es und vergaß zu sinken und verweilte am Himmel. Die rote Rose hörte es und alle ihre Blätter zitterten vor Wonne und öffneten sich der kühlen Morgenluft. Das Echo trug es in seine purpurne Höhle in den Bergen und weckte die schlafenden Schäfer aus ihren Träumen. Das Lied zitterte durch das Schilf am Ufer und das Schilf gab die Botschaft weiter bis ans Meer.

»Schau, schau«, rief der Strauch, »jetzt ist die Rose vollendet.« Aber die Nachtigall gab keine Antwort, denn sie lag tot im hohen Grase mit dem Dorn in ihrem Herzen.

Am Mittag öffnete der Student sein Fenster und schaute hinaus. »Welch ein seltsames Glück«, rief er, »da ist ja eine rote Rose. Ich habe in meinem ganzen Leben keine ähnliche Rose gesehen. Sie ist so schön, dass sie sicher einen langen lateinischen Namen hat.« Und er lehnte sich zum Fenster hinaus und pflückte sie.

Dann setzte er sich den Hut auf und rannte hinüber zum Hause des Professors, mit der Rose in der Hand.

Des Professors Töchterlein saß im Torweg und haspelte blaue Seide auf eine Spule und ihr kleiner Hund lag ihr zu Füßen.

»Sie sagten mir, dass Sie mit mir tanzen würden, wenn ich Ihnen eine rote Rose brächte«, sagte der Student. »Hier ist die schönste rote Rose der ganzen Welt. Sie werden sie heute nacht an ihrem Herzen tragen, und wenn wir zusammen tanzen, wird sie Ihnen sagen, wie sehr ich Sie liebe.«

Aber das junge Mädchen kräuselte den Mund. »Ich glaube nicht, dass die Rose zu meinem Kleide passen wird«, ant-

wortete sie. »Und überdies hat mir der Neffe des Kammerherrn echte Juwelen geschickt und jedermann weiß, dass
Juwelen mehr wert sind als Blumen.«

»Sie sind wirklich höchst undankbar«, sagte der Student
gereizt und warf die Rose auf die Straße, wo sie in die Gosse
fiel und von einem Karren überfahren wurde.

»Undankbar?«, sagte das Mädchen. »Sie betragen sich
wirklich recht ungezogen, mein Herr. Und überdies, wer
sind Sie denn eigentlich? Nur ein Student. Ich glaube nicht
einmal, dass Sie silberne Schnallen an Ihren Schuhen haben
wie der Neffe des Kammerherrn.« Und sie stand von ihrem
Stuhle auf und ging ins Haus.

»Liebe ist doch etwas recht Dummes«, sagte der Student,
als er heimging. »Sie ist nicht halb so viel nütze als die Logik,
denn sie beweist nichts und erzählt einem immer nur von
Dingen, die doch nicht eintreffen, und macht einen immer
nur an Dinge glauben, die doch nicht wahr sind. Sie ist wirklich sehr unpraktisch und heutzutage ist praktisch sein die
Hauptsache. Da kehre ich doch lieber wieder zur Philosophie zurück und studiere Metaphysik.«

So ging er denn auf sein Zimmer und suchte ein dickes,
staubiges Buch hervor und begann zu lesen.

Der selbstsüchtige Riese

Jeden Nachmittag gingen die Kinder, wenn sie aus der Schule kamen, in den Garten des Riesen, um dort zu spielen.

Es war ein großer hübscher Garten mit weichem grünen Gras. Da und dort lugten aus dem Grase hervor schöne Blumen gleich Sternen, und zwölf Pfirsichbäume waren da, die im Frühling zarte, weißlich-rote Blüten trugen und im Herbste von Früchten schwer waren. Die Vögel wiegten sich auf den Bäumen und sangen so süß, dass die Kinder zuweilen im Spielen aufhörten, um ihnen zuzuhören. »Wie glücklich wir doch sind!«, riefen sie einander zu.

Eines Tages kam der Riese zurück. Er hatte seinen Freund, den gehörnten Menschenfresser, besucht und war bei ihm sieben Jahre lang geblieben. Als die sieben Jahre um waren, hatte er ihm alles gesagt, was er ihm zu sagen hatte, denn sein Unterhaltungstalent war beschränkt, und so beschloss er denn, in sein Schloss zurückzukehren. Als er ankam, sah er die Kinder in seinem Garten spielen.

»Was treibt ihr hier?«, rief er sehr verdrießlich. Und die Kinder liefen davon. »Mein Garten ist mein Garten«, sagte der Riese, »das muss jedermann einsehen und nur ich darf darin spielen.« Deshalb zog er eine hohe Mauer um den Garten und pflanzte eine Warnungstafel auf.

DAS BETRETEN DIESES GARTENS IST VERBOTEN!

Es war eben ein sehr selbstsüchtiger Riese. Die armen Kinder aber wussten jetzt nicht mehr, wo sie spielen sollten. Sie versuchten auf der Straße zu spielen, aber die Straße war sehr staubig und voll harter Steine, und das mochten sie nicht leiden. Sie wanderten, wenn die Schule aus war, um die hohe Mauer und schwärmten von dem Garten, der dahinter lag. »Wie glücklich waren wir da!«, sagten sie zueinander.

Dann kam das Frühjahr und im ganzen Lande gab es kleine Blüten und kleine Vögel. Nur im Garten des selbstsüchtigen Riesen war immer noch Winter. Die Vögel hatten keine Lust zu singen, da keine Kinder mehr da waren, und die Bäume vergaßen zu blühen. Einmal steckte zwar eine schöne Blume ihr Köpfchen aus dem Gras, aber als sie die Warnungstafel sah, taten ihr die Kinder so leid, dass sie in die Erde zurückschlüpfte und wieder schlafen ging. Die einzigen Leute, die sich darüber höchlich zufrieden zeigten, waren der Schnee und der Frost.

»Der Frühling hat den Garten vergessen«, riefen sie, »so werden wir das ganze Jahr hindurch hier leben!« Der Schnee bedeckte das Gras mit einem großen weißen Mantel und der Frost strich alle Bäume silberweiß an. Dann luden sie den Nordwind ein, zu ihnen zu kommen, und er kam. Er war ganz in Pelze gewickelt und schrie den ganzen Tag im Garten herum und blies die Schornsteine von den Dächern. »Hier ist gut sein«, sagte er, »wir müssen den Hagel auch einmal zu Besuch herbitten.« Und so kam der Hagel. Jeden Tag prasselte er drei Stunden lang auf das Dach des Schlosses herunter, bis er die meisten Dachziegel zerbrochen hatte, und dann lief er im Garten herum, so rasch er konnte. Er war ganz grau gekleidet und sein Atem war wie Eis.

»Ich verstehe nicht, warum der Frühling heuer so spät kommt«, sagte der selbstsüchtige Riese, der am Fenster saß und in seinen kalten weißen Garten hinausblickte. »Ich hoffe, das Wetter wird sich bald ändern!«

Aber der Frühling kam nicht und der Sommer kam auch nicht. Der Herbst bescherte jedem Garten goldene Früchte, aber im Garten des Riesen gab es keine. »Er ist so selbstsüchtig«, sagte der Herbst. So blieb es dort nun immer Winter, und der Nordwind, der Hagel und der Schnee tanzten um die Bäume herum.

Eines Morgens lag der Riese wach in seinem Bette, als er eine wunderliebliche Musik hörte. Es klang so süß an sein Ohr, dass er glaubte, des Königs Musikanten zögen vorbei. Es war aber nur ein Hänfling, der draußen vor dem Fenster sang. Nur war es so lange her, dass er keinen Vogel mehr in seinem Garten hatte singen hören, dass ihm die Stimme des Hänflings wie die schönste Musik der Welt vorkam. Dann hörte der Hagel auf, über seinem Kopfe zu tanzen und der Nordwind brüllte nicht mehr und ein wunderbarer Duft drang durchs offene Fenster zu ihm. »Ich glaube, der Frühling kommt endlich!«, sagte der Riese. Und er sprang aus dem Bette und sah hinaus.

Und was sah er da?

Da sah er etwas ganz Wunderbares. Durch ein kleines Loch in der Mauer waren die Kinder in den Garten geschlüpft und saßen nun in den Zweigen der Bäume. In jedem Baum, den er sehen konnte, saß ein kleines Kind. Und die Bäume waren so glücklich die Kinder wieder bei sich zu haben, dass sie sich mit Blüten bedeckt hatten und ihre Arme über den Köpfen der Kinder anmutig hin- und herbewegten. Die Vögel flogen umher und zwitscherten voll Entzücken und die Blumen guckten durch das grüne Gras und lachten. Es war ein entzückender Anblick. Nur in einem Winkel des Gartens war noch Winter. Es war die entfernteste Ecke des Gartens, und dort stand ein kleiner Junge. Er war so klein, dass er die Zweige nicht erreichen konnte und so trippelte er immer um den Stamm herum und weinte bitterlich. Der arme Baum war noch ganz bedeckt mit Schnee und Reif und der Nordwind blies und brüllte um ihn her. »Komm doch herauf, kleiner Junge«, sagte der Baum und bog seine Zweige so tief er konnte. Aber der Junge war zu klein.

Und des Riesen Herz schmolz, als er hinaussah. »Wie selbstsüchtig ich doch gewesen bin!«, sagte er. »Nun weiß ich, warum der Frühling nicht kommen wollte. Ich will den armen kleinen Buben auf die Spitze des Baumes setzen und dann will ich die Mauer niederreißen und mein Garten soll für ewige Zeiten ein Spielplatz sein.« Es tat ihm wirklich leid, dass er so selbstsüchtig gewesen war.

So schlich er denn die Treppe hinunter und öffnete ganz leise die Haupttür und ging in den Garten hinaus. Als ihn aber die Kinder erblickten, erschraken sie so, dass sie alle davonstürmten und hinaus auf die Straße, und sogleich war wieder Winter im Garten. Nur der kleine Bube lief nicht fort, denn seine Augen waren so von Tränen verschleiert, dass er den Riesen nicht kommen sah. Und der Riese stahl sich leise hinter ihn heran und nahm ihn sanft in seine Hand und setzte ihn auf den Baum hinauf. Und allsofort bedeckte sich der Baum mit Blüten und die Vögel kamen und sangen darin, und der kleine Bursche streckte seine beiden Ärmchen aus und schlang sie um des Riesen Hals und küsste ihn. Und als die anderen Kinder sahen, dass der Riese gar nicht mehr böse sei, kamen sie zurückgelaufen und mit ihnen kam auch der Frühling. »Das ist jetzt euer Garten, liebe Kinder!«, sagte der Riese und nahm eine große Axt und schlug die Mauer nieder. Und als die Leute mittags zum Markt gingen, sahen sie, wie der Riese mit den Kindern in seinem Garten spielte und wie sein Garten der schönste der Welt war.

Den ganzen Tag spielten sie und am Abend kamen sie zum Riesen, um ihm Lebewohl zu sagen.

»Wo ist aber euer kleiner Kamerad«, fragte er, »der Junge, den ich den Baum hinaufgehoben habe?« Der Riese liebte ihn am meisten, weil er ihn geküsst hatte.

»Das wissen wir nicht«, sagten die Kinder, »er ist fortgegangen!«

»Ihr müsst ihm sagen, ja sicher morgen wiederzukommen«, bat der Riese. Aber die Kinder sagten, sie wüssten nicht, wo er wohne und sie hätten ihn vorher nie gesehen. Und da wurde der Riese sehr traurig.

Jeden Nachmittag, wenn die Schule aus war, kamen die Kinder und spielten mit dem Riesen. Aber der kleine Bursche, den der Riese liebte, ließ sich nicht wieder sehen. Der Riese war sehr lieb zu allen Kindern, aber doch sehnte er sich nach seinem ersten kleinen Freunde und sprach oft von ihm. »Wie gern möcht ich ihn einmal wiedersehen!«, pflegte er zu sagen.

Jahre gingen vorüber und der Riese wurde sehr alt und schwach. Er konnte nicht mehr herumtollen und saß in seinem riesigen Lehnstuhl, schaute den Kindern bei ihren Spielen zu und freute sich über seinen Garten. »Ich habe viel schöne Blumen«, sagte er, »aber die Kinder sind doch die allerschönsten Blumen von allen.«

Eines Wintermorgens sah er aus seinem Fenster, als er sich gerade ankleidete. Er hasste jetzt auch den Winter nicht mehr, denn er wusste, dass der Frühling schlief und dass ihm die Blumen blieben.

Plötzlich rieb er sich ganz verwundert die Augen und schaute und schaute. Was er sah, war wirklich höchst wunderbar. In der fernsten Ecke des Gartens stand ein Baum, ganz bedeckt mit herrlichen weißen Blüten. Seine Zweige waren aus eitel Gold und silberne Früchte hingen von ihnen hernieder und darunter stand wieder der kleine Knabe, den er so geliebt hatte.

Der Riese lief in großer Freude die Treppe hinunter und hinaus in den Garten. Er eilte durch das Gras und näherte sich dem Kinde. Aber als er ganz nahe gekommen war, wurde sein Gesicht ganz rot vor Wut und er rief: »Wer hat es gewagt, dich zu verwunden?« Denn in den Flächen der

Kinderhändchen waren die Male von zwei Nägeln und die Male von zwei Nägeln waren auf den kleinen Füßen.

»Wer hat es gewagt, dich zu verwunden?«, schrie der Riese. »Sag es mir, und ich nehme ein großes Schwert und schlage ihn nieder!«

»Nein, nein!« antwortete das Kind, »denn dies sind die Wunden der Liebe.«

»Wer bist du?«, sagte der Riese und eine seltsame Scheu befiel ihn und er kniete vor dem kleinen Kinde nieder.

Und das Kind lächelte den Riesen an und sagte: »Du hast mich einmal in deinem Garten spielen lassen, heute sollst du mit mir kommen in meinen Garten, und das ist das Paradies.«

Und als die Kinder nachmittags in den Garten stürmten, fanden sie den Riesen tot unter dem Baume liegen, ganz bedeckt mit weißen Blüten.

Der treue Freund

Eines Morgens steckte der alte Wasserratz seinen Kopf aus dem Loch hervor. Er hatte glänzendpralle Kugeläuglein und einen grauen borstigsteifen Schnurrbart und sein Körper war wie ein langes Stück schwarzen Gummis. Die kleinen Entlein ruderten gerade im Teich umher und glichen ganz einer Gesellschaft von gelben Kanarienvögeln, und ihre Mutter, die ganz weiß war mit prachtvoll roten Füßen, versuchte ihnen das Kopfstehen im Wasser beizubringen.

»Ihr werdet nie in die feine Gesellschaft kommen, wenn ihr nicht auf dem Kopfe stehen könnt«, sagte sie unaufhörlich zu ihnen. Und unverdrossen zeigte sie ihnen, wie es gemacht werden müsse. Aber die kleinen Entlein gaben keine acht. Sie waren ja noch so jung, dass sie gar nicht wussten, welch Vorteil es überhaupt sei, in feine Gesellschaft zu kommen.

»Was sind das für ungehorsame Göhren«, schrie der alte Ratz, »sie verdienten wirklich zu ersaufen!«

»Nicht doch«, antwortete Mutter Ente, »aller Anfang ist schwer und Eltern können nicht geduldig genug sein.«

»Bah, ich verstehe nichts von elterlichen Gefühlen«, sagte der Wasserratz, »ich bin kein Familienmensch. Ich war immer Junggeselle und habe gar keine Lust, jemals zu heiraten. Liebe ist ja in ihrer Art eine ganz nette Sache, aber Freundschaft steht doch viel höher. Ich kenne nichts in der Welt, was edler und seltener wäre als eine treue Freundschaft.«

»Und wie, bitte, stellen Sie sich denn die Pflichten einer treuen Freundschaft vor?«, fragte ein grüner Hänfling, der in der Nähe auf einem Weidenbaum saß und das Gespräch mit angehört hatte.

»Ja, das möchte ich auch gern wissen«, sagte die Ente und schwamm zum anderen Ende des Teiches, und stellte sich auf den Kopf, um ihren Kindern ein gutes Beispiel zu geben.

»Was für eine dumme Frage«, schrie der alte Ratz. »Der treue Freund muss mir eben treu sein, das ist doch selbstverständlich!«

»Und was würden Sie ihm dafür bieten?«, sagte der kleine Vogel und schwang sich auf einen silberigen Zweig und schlug seine zarten Flügelchen.

»Ich verstehe Sie nicht!«, antwortete der Wasserratz.

»Ich will Ihnen eine Geschichte über dies Thema erzählen«, sagte der Hänfling.

»Betrifft die Geschichte mich?«, fragte der Wasserratz. »Dann will ich gern zuhören, denn ich liebe das Romanhafte ungemein.«

»Sie können die Geschichte auf sich beziehen«, antwortete der Hänfling. Und er flog herab und ließ sich am Ufer nieder und erzählte die Geschichte vom treuen Freunde.

»Es war einmal«, begann der Hänfling, »ein braver kleiner Bube namens Hans.«

»Hatte er irgendwas besonderes an sich?«, fragte die Wasserratte.

»Nein«, antwortete der Hänfling. »Ich glaube nicht, dass irgendwas besonderes an ihm war, es wäre denn sein gutes Herz und sein rundes, gutmütiges Gesicht gewesen. Er lebte in seinem kleinen Häuschen ganz allein und arbeitete jeden Tag in seinem Garten. In der ganzen Gegend gab es kaum einen schöneren Garten. Federnelken wuchsen darin und Levkoien und Hirtentäschelkraut und Frauenhaar. Da gab es Damaszener Rosen und gelbe Rosen und lila Krokus und goldene, purpurne und weiße Veilchen. Wiesenschaum und Kresse, Majoran und Thymian, Schlüsselblumen und Lilien und Narzissen blühten und dufteten der Reihe nach, wie es die Monate mit sich brachten, und eine Blume trat an die Stelle der anderen Blume, sodass immer schöne Sachen zu sehen waren und es immer Wunderbares zu riechen gab.

Der kleine Hans hatte eine Menge Freunde, aber der treueste von allen war der dicke Hugo, der Müller. Ja, der reiche Müller war dem kleinen Hans so ergeben, dass er niemals an dessen Garten vorbei konnte, ohne sich über den Zaun zu lehnen und einen großen Strauß zu pflücken, oder eine Handvoll duftender Kräuter, oder seine Taschen mit Pflaumen oder Kirschen zu füllen, wenn es Obstzeit war.

›Wahre Freunde müssen alles gemeinsam haben‹, pflegte der Müller zu sagen, und der kleine Hans nickte und lächelte und war sehr stolz darauf, einen Freund zu haben, der so edel dachte.

Manchmal meinten die Nachbarn freilich, es sei sonderbar, dass der reiche Müller dem kleinen Hans niemals etwas schenkte, obwohl er doch an hundert Säcke feinsten Mehls in seiner Mühle liegen hatte und sechs Milchkühe und eine große Herde wolliger Schafe; aber Hans kümmerte sich nicht viel um solche Dinge und nichts machte ihm größere Freude, als wenn er dem Müller zuhören konnte, wenn dieser die wunderbarsten Dinge von der Uneigennützigkeit der wahren Freundschaft erzählte.

So arbeitete der kleine Hans unverdrossen weiter in seinem Garten. Im Frühling, im Sommer und im Herbst war er sehr glücklich, aber wenn der Winter kam und er keine Früchte und Blumen auf den Markt bringen konnte, litt er nicht wenig vor Hunger und Kälte und musste oft zu Bett gehen, und hatte nichts zu beißen, als einige getrocknete Birnen und ein paar harte Nüsse. Im Winter fühlte er sich außerdem recht einsam, denn der Müller kam da niemals, um ihn zu besuchen.

›Es hat keinen Sinn, dass ich den kleinen Hans besuche, solange der Schnee liegt‹, pflegte der Müller zu seiner Frau zu sagen. ›Denn wenn die Leute Sorgen haben, muss man sie mit sich allein lassen und nicht mit Besuchen behelligen. Das ist wenigstens meine Ansicht von Freundschaft und ich bin überzeugt, dass ich Recht habe. Ich will also lieber warten, bis der Frühling kommt und dann werde ich ihn besuchen, und dann kann er mir auch einen großen Korb Primeln schenken und das wird ihn gewiss riesig glücklich machen.‹

›Du bist wirtlich sehr besorgt um deine Mitmenschen‹, antwortete seine Frau, die in einem bequemen Armstuhl am lodernden Kaminfeuer saß, man kann gar nicht besorgter sein. ›Es ist wirklich ein Genuss, dich über Freundschaft reden zu hören. Ich bin überzeugt, selbst der Pfarrer kann nicht so schöne Dinge darüber sagen wie du, wenn er auch in einem dreistöckigen Hause wohnt und einen goldenen Ring am kleinen Finger trägt.‹

›Aber könnten wir den kleinen Hans nicht einmal zu uns einladen‹, sagte der jüngste Sohn des Müllers. ›Wenn der arme Hans in Not ist, will ich ihm die Hälfte von meiner Suppe abgeben und ihm meine weißen Kaninchen zeigen.‹

›Du dummer Bube du, rief der Müller, ich weiß beim Kuckuck nicht, warum wir dich in die Schule schicken. Du scheinst doch gar nichts zu lernen. Wenn der kleine Hans herkäme und unser warmes Feuer, unser gutes Essen und unser großes Fass Rotwein sehen würde, so könnte er neidisch werden! Und der Neid ist doch eine sehr üble Sache, die leicht den Charakter verdirbt. Ich möchte um keinen Preis schuld haben, dass Hansens Charakter Schaden litte. Ich bin sein bester Freund und werde immer über ihm wachen und darauf halten, dass er nicht in Versuchung komme. Überdies könnte mich Hans, wenn er herkäme, vielleicht um einige Lot Mehl bitten, und das könnte ich nicht tun. Denn Mehl und Freundschaft sind zwei ganz verschiedene Dinge und man soll sie nicht vermischen. Das sind zwei ganz verschiedene Worte, die ganz verschieden geschrieben werden. Das sieht doch wohl jedermann ein.‹

›Wie hübsch du doch sprichst‹, sagte die Müllerin und goss sich ein großes Glas Warmbier ein. ›Ich bin schon so schläfrig, als ob ich in der Kirche säße.‹

›Es gibt eine Masse Leute, die gut handeln, aber sehr wenige Leute, die gut sprechen und das zeigt deutlich, dass Sprechen viel schwieriger ist und auch das viel Vornehmere.‹ Und dabei blickte er streng über den Tisch auf seinen kleinen Sohn, der sich so schämte, dass er den Kopf hängen ließ, ganz rot wurde und dicke Tränen in seinen Tee fallen ließ. Er war aber noch so klein, und da darf man ihm deswegen nicht gram sein.«

»Ist die Geschichte zu Ende?«, fragte der alte Wasserratz.

»Ei bewahre«, antwortete der Hänfling, »das ist ja erst der Anfang.«

»Dann sind Sie weit hinter Ihrer Zeit zurück«, sagte der Ratzerich. »Jeder gute Romanfabrikant beginnt heutzutage mit dem Ende, kommt dann auf den Anfang zu sprechen und endet mit der Mitte. Das ist die neueste Methode. Unlängst ging hier nämlich ein Kritiker mit einem jungen Mann um den Teich herum und da habe ich alles darüber erfahren. Er sprach mit großer Ausführlichkeit über sein Thema, und ich bin fest davon überzeugt, dass er durchaus Recht hat, denn er trug eine blaue Brille und hatte eine Glatze und sooft der junge Mann eine Bemerkung machte, antwortete er nur Bah! Aber bitte, fahren Sie in Ihrer Geschichte fort. Ich habe den Müller schon riesig gerne. Ich selbst habe nämlich auch eine Menge allerhand schöner Gefühle in mir und so sympathisiere ich mit dem dicken Müller sehr.«

»Gut!«, sagte der Hänfling und hüpfte einige Male von einem Fuß zum anderen. »Sobald nun der Winter vorüber war und die Primeln ihre blassen gelben Sterne zu öffnen begannen, da sagte der Müller zu seinem Weibe, dass er nun einmal hinuntergehen wolle, um den kleinen Hans aufzusuchen.

›Was für ein gutes Herz du doch hast!‹, rief die Müllerin. ›Du denkst immer an andere. Und vergiss nicht den großen Korb für die Blumen mitzunehmen.‹

So band denn der Müller die Flügel der Windmühle mit einer schweren Eisenkette fest und ging mit dem Korb am Arm den Hügel hinab.

›Guten Morgen, kleiner Hans‹, sagte der Müller.

›Guten Morgen‹, sagte Hans, auf seinen Spaten gelehnt und lächelte von einem Ohr zum anderen.

›Und wie ist es dir den Winter über ergangen?‹, fragte der Müller.

›Ach‹, rief Hans, ›es ist wirklich sehr gütig von dir, dass du danach fragst. Ich habe offengesagt eine recht harte Zeit durchgemacht, aber nun ist ja der Frühling da und ich bin ganz glücklich, denn alle meine Blumen gedeihen gut.‹

›Wir haben so oft von dir gesprochen, Hans‹, sagte der Müller, ›und uns immer gefragt, wie es dir wohl ginge.‹

›Das war sehr lieb von euch‹, sagte Hans, ich dachte beinahe, ihr hättet mich vergessen.‹

›Wie darfst du so was sagen, Hans‹, rief der Müller, ›Freundschaft vergisst einander niemals. Das ist ja eben das schöne bei der Freundschaft. Aber ich fürchte fast, dass du die Poesie des Lebens nicht recht verstehst. Übrigens stehen ja deine Primeln ganz entzückend!‹

›Ja, sie stehen gut‹, sagte Hans, ›und es ist für mich ein großes Glück, dass ich davon so viel habe. Ich will sie nämlich auf den Markt bringen und sie der Tochter des Bürgermeisters verkaufen, und mit dem Geld will ich dann meinen Schubkarren einlösen.‹

›Deinen Schubkarren einlösen? Hast du ihn denn verkauft? Wie kann man so eine Dummheit machen?‹

›Ja, weißt du‹, sagte Hans kleinlaut, ›ich musste es schon tun. Der Winter war eine zu böse Zeit für mich und ich hatte wirklich keinen Pfennig mehr für Brot im Beutel. So verkaufte ich zuerst die Silberknöpfe an meinem Sonntagsrock, dann meine silberne Uhrkette, dann meine lange Pfeife und endlich verkaufte ich meinen Schubkarren. Aber nun kann ich mir ja alles wieder kaufen.‹

›Hans‹, sagte der Müller, ›ich werde dir meinen Schubkarren schenken. Er ist freilich nicht mehr in sehr gutem Zustande: Die eine Seite fehlt ganz und etwas ist auch in den Speichen nicht recht im Stande, aber dennoch will ich ihn dir schenken. Ich weiß, das ist sehr großmütig von mir und eine Menge Leute werden mich für verrückt halten, weil ich ihn weggebe, aber ich bin nun einmal nicht so wie die anderen. Ich glaube, dass Großmut die Hauptsache in der Freundschaft ist und ohnehin habe ich mir schon einen neuen Schubkarren gekauft. Beunruhige dich also weiter gar nicht, lieber Hans – und kurz und gut: Ich gebe dir meinen Schubkarren.‹

›Das ist wirklich recht großmütig von dir‹, sagte der kleine Hans und sein drolliges, rundes Gesicht strahlte über und über vor Freude. ›Ich kann ihn leicht ausbessern, denn ich habe ein tüchtiges Brett im Hause.‹

›Ein Brett‹, rief der Müller, ›das trifft sich gut, denn ich kann grade eins für mein Scheunendach gebrauchen. Das hat nämlich ein großes Loch und das Korn wird mir noch nass werden, wenn ich es nicht bald zunagle. Wie gut, dass du grade davon sprachst! Merkwürdig, wie eine gute Handlung immer eine andere nach sich zieht. Ich habe dir meinen Schubkarren gegeben und du gibst mir nun dein Brett. Natürlich ist der Schubkarren viel mehr wert als dein Brett, aber treue Freundschaft kümmert sich um solche kleinen Unterschiede nicht. Geh, hole mir doch das Brett gleich und ich werde sofort meine Scheune ausbessern!‹

›Aber gern!‹, rief der kleine Hans und lief in seinen Schuppen und brachte das Brett angeschleppt.

›Es ist ja kein sehr großes Brett‹, sagte der Müller, indem er es beschaute, ›und ich fürchte fast, wenn ich damit
mein Dach ausgebessert habe, wird kaum etwas für dich
übrigbleiben, um den Schubkarren auszuflicken. Aber das
ist ja natürlich nicht meine Schuld. Und wo ich dir meinen
Schubkarren geschenkt habe, wirst du gewiss so gut sein,
und mir auch einige Blumen geben. Hier ist schon der Korb
und mach ihn nur dreist voll!‹

›Ganz voll?‹, sagte der kleine Hans und sah recht bekümmert drein, denn er wusste, dass ihm für den Markt keine
Blumen übrigbleiben würden, wenn er den Korb füllen sollte, und er hätte doch gerne seine Silberknöpfe zurück gehabt!

›Na weißt du, entgegnete der Müller, ›es ist doch wahrhaftig nicht zuviel verlangt, wenn ich dich um ein paar Blumen
bitte, wo ich dir meinen Schubkarren geschenkt habe. Vielleicht habe ich Unrecht, aber ich sollte doch denken, dass
wahre Freundschaft frei von jedem Eigennutz ist.‹

›Mein teurer Freund, mein bester Freund‹, rief der kleine
Hans, ›dir stehen alle Blumen in meinem Garten zur Verfü-
gung! Mir liegt an deiner guten Meinung tausendmal mehr
als an allen silbernen Knöpfen der Welt.‹

Und er lief und pflückte alle seine schönen Primeln und
füllte den Korb des Müllers damit bis zum Henkel.

›Leb wohl, kleiner Hans‹, sagte der Müller und stieg den
Hügel hinauf, mit dem Brett auf der Schulter und dem ge-
füllten Korb in der Hand.

›Leb wohl‹, sagte der kleine Hans und begann vergnügt
weiter zu graben, denn er freute sich sehr über seinen Schubkarren.

Am nächsten Tage befestigte er grade eine Geißblattranke
über der Tür, als er hörte, wie ihn der Müller von der Straße
aus anrief. Hurtig sprang er von der Leiter, lief den Garten
hinunter und blickte über die Mauer.

Da stand der Müller mit einem großen Sack Mehl auf der Schulter.

›Lieber, kleiner Hans‹, sagte der Müller, ›möchtest du nicht so gut sein und diesen Mehlsack für mich zu Markte bringen?‹

›Es tut mir herzlich leid‹, sagte Hans, aber heut hab' ich wirklich sehr viel zu tun. Ich muss alle meine Schlingpflanzen anbinden, meine Blumen begießen und den Rasen schneiden.‹

›Na weißt du‹, sagte der Müller, ›in Anbetracht des Schubkarrens, den ich dir geschenkt habe, ist es nicht gerade sehr gefällig von dir, mir solche Kleinigkeit abzuschlagen.‹

›Das solltest du nicht sagen‹, rief der kleine Hans, ›ich möchte um alles in der Welt nicht für ungefällig gehalten werden!‹ Und er holte schnell seine Mütze und trabte mit dem schweren Sack auf den Schultern davon.

Es war ein sehr heißer Tag und die Straße war schrecklich staubig, und bevor Hans den sechsten Meilenstein erreicht hatte, war er so müde, dass er sich gerne niedergesetzt hätte, um etwas zu verschnaufen. Aber er ging tapfer vorwärts und erreichte endlich den Markt. Nachdem er da eine Zeit lang gewartet hatte, verkaufte er den Sack Mehl für einen sehr anständigen Preis und kehrte sofort nach Hause zurück, denn er fürchtete sich länger zu verweilen, da er sonst beim Heimweg leicht Räubern hätte begegnen können.

›Ei, das war ein schwerer Tag‹, sagte der kleine Hans, als er zu Bett ging. ›Aber ich bin froh, dass ich dem Müller seine Bitte nicht abgeschlagen habe, denn er ist mein bester Freund und dann schenkt er mir ja auch seinen Schubkarren.‹

Früh am nächsten Morgen erschien der Müller wieder, um sein Geld für das Mehl zu holen, aber der kleine Hans war so müde, dass er noch im Bette lag.

›Das nenn ich aber faul sein!‹, sagte der Müller. ›In Anbetracht des Schubkarrens, den ich dir schenken will, glaube ich, dass du schon etwas fleißiger sein könntest. Faulheit ist eine große Sünde und ich liebe es nicht, wenn meine Freunde faul und träge sind. Du darfst mir über meine Offenheit nicht böse sein, denn ich bin natürlich nur zu meinen Freunden so aufrichtig. Aber ist es nicht gerade das Schönste in der Freundschaft, dass man immer sagen darf, was man fühlt und denkt? Liebenswürdige Sachen kann jeder sagen, schmeicheln kann jeder und dem anderen nach dem Munde reden. Aber ein wahrer Freund sagt immer unangenehme Dinge und kümmert sich den Kuckuck darum, ob es dem anderen weh tut. Ja noch mehr, der wahre Freund tut mit Vorliebe weh, denn er weiß, dass er damit eine gute Tat begeht.‹

›Sei nicht böse, sagte der kleine Hans und rieb seine Augen und warf die Nachtmütze in die Ecke, ›aber ich war zu müde, dass ich noch ein bisschen im Bett bleiben wollte, um den Vögeln zuzuhören. Weißt du, ich arbeite immer viel besser, wenn ich ein bisschen die Vögel habe singen hören.

›Das freut mich, sagte der dicke Müller und klopfte dem Hans auf den Rücken. ›Denn du musst gleich, sobald du angezogen bist, auf die Mühle kommen und mir das Scheunendach ausbessern.

Der kleine Hans brannte schon darauf an seine Gartenarbeit zu gehen, denn er hatte seine Blumen seit zwei Tagen nicht begossen, aber er wollte dem Müller seine Bitte nicht abschlagen, weil er doch ein gar so lieber Freund von ihm war.

›Du höre einmal, wäre es sehr ungefällig von mir, wenn ich dir sagte, dass ich heute selber für mich zu tun habe? fragte er ganz schüchtern.

›Na weißt du‹, sagte der Müller, ›ich verlange doch beim Kuckuck nicht viel von dir, in Anbetracht des Schubkarrens, den ich dir schenken will; aber natürlich, wenn du nicht willst, dann geh ich und mache es selbst.‹

›Was fällt dir ein‹, rief der kleine Hans ganz erschrocken und sprang hurtig aus dem Bett, zog sich an und ging mit dem Müller zur Scheune.

Dort arbeitete er den ganzen Tag bis Sonnenuntergang und bei Sonnenuntergang kam der Müller, um nachzuschauen, wie weit er mit der Arbeit wäre.

›Hast du das Loch im Dach schon ausgebessert, kleiner Hans?‹, rief der Müller mit süßer Stimme.

›Alles fertig!‹, antwortete der kleine Hans und kletterte die Leiter herab.

›Ach‹, sagte der Müller, ›es gibt doch nichts wundervolleres, als die Arbeit, die man für den anderen tut.‹

›Es ist gewiss ein großes Vergnügen dich reden zu hören‹, antwortete der kleine Hans, setzte sich nieder und trocknete sich die Stirne ab. ›Ein sehr großes Vergnügen. Aber ich fürchte, ich werde niemals so schöne Gedanken haben wie du.‹

›Oh, das kommt schon mit der Zeit‹, sagte der Müller, ›du musst dich nur recht zusammennehmen. Bis jetzt kennst du nur die Praxis der Freundschaft, eines Tages wirst du auch die Theorie begreifen.‹

›Glaubst du wirklich?‹, fragte der kleine Hans.

›Ich zweifle nicht daran‹, entgegnete der Müller. ›Aber, wo du jetzt mein Dach ausgebessert hast, wird es dir gut tun, nach Hause zu gehen und dich auszuruhen. Denn morgen brauche ich dich noch ein bisschen, da musst du meine Schafe auf den Berg treiben.‹

Der arme kleine Hans getraute sich kein Wort zu sagen und früh am nächsten Morgen brachte der Müller alle seine Schafe an und Hans machte sich mit ihnen auf den Berg. Er brauchte den ganzen Tag zum Hin- und Rückweg, und als er nach Hause kam, war er so müde, dass er in seinem Stuhle einschlief und nicht eher aufwachte, bis es hellerlichter Tag war.

›Wie schön werd ich's heut in meinem Garten haben!‹, sagte er zu sich und ging sofort an die Arbeit.

Aber er kam nie dazu, nach seinen Blumen zu sehen, denn sein lieber Freund, der dicke Müller, kam jeden Augenblick und schickte ihn auf lange Besorgungen aus oder brauchte ihn zur Aushilfe in der Mühle.

Zuweilen war der kleine Hans ganz bekümmert, denn er fürchtete, seine Blumen könnten glauben, dass er ihrer ganz vergäße. Aber er tröstete sich immer mit dem Gedanken, dass der Müller doch sein bester Freund sei. Und dann, sagte er zu sich selber, schenkt er mir doch seinen Schubkarren und das ist doch gewiss sehr großmütig von ihm.

So arbeitete der kleine Hans weiter für den Müller und der Müller sprach immer eine Menge schöner Sachen über die Freundschaft, und Hans trug alles in ein Notizbuch ein. Und abends pflegte er in diesem Notizbuch zu lesen, denn er war ein sehr gelehriger Schüler.

Nun geschah es, dass er eines Abends vor seinem Ofen saß, als heftig gegen die Tür geklopft wurde. Es war eine sehr stürmische Nacht und der Wind sauste und brauste so um das Haus, dass Hans zuerst glaubte, es sei das Unwetter, das an die Türe rüttle. Aber ein zweiter Schlag folgte dem ersten und dann ein dritter, der noch lauter war als die früheren.

›Es ist irgendein armer Reisender‹, sagte der kleine Hans und lief zur Türe.

Da stand der Müller draußen mit der Laterne in der einen und einem dicken Stock in der anderen Hand.

›Lieber kleiner Hans‹, rief der Müller, ›ich bin in großer Verzweiflung. Mein kleiner Bube ist von der Leiter gefallen und hat sich verletzt, und ich muss den Doktor holen. Aber er wohnt so weit weg und die Nacht ist so schlimm, dass es mir einfiel, ob es nicht viel besser wäre, wenn du statt meiner gingest. Du weißt, dass ich dir meinen Schubkarren schenke, und so ist es eigentlich nur ganz in der Ordnung, dass du mir auch einmal einen kleinen Gefallen tust.‹

›Gewiss‹, rief der kleine Hans, ›ich bin erfreut, dass du an mich gedacht hast und ich werde mich gleich auf den Weg machen. Aber du musst mir deine Laterne borgen, denn die Nacht ist stockfinster und ich könnte in einen Graben fallen.‹

›Es tut mir sehr leid‹, erwiderte der Müller darauf, ›aber es ist meine neue Laterne und es wäre für mich ein großer Schade, wenn etwas daran entzweiginge. Auch fände ich ja ohne Laterne nicht den Rückweg in der Dunkelheit.‹

›Dann lass es nur, ich gehe auch ohne Laterne!‹, rief der kleine Hans, nahm seinen Pelzrock vom Nagel und seine warme rote Mütze, wickelte sich ein Tuch um den Hals und machte sich auf den Weg.

Das Unwetter war ganz schrecklich und die Nacht war so schwarz, dass Hans nicht die Hand vor den Augen sehen konnte, und der Sturm blies so heftig, dass er Mühe hatte, sich auf den Beinen zu erhalten.

Aber er kämpfte sich tapfer vorwärts und nach einem dreistündigen Marsch kam er zum Hause des Doktors und klopfte an die Tür.

›Wer ist da?‹, rief der Arzt und steckte den Kopf aus dem Schlafzimmerfenster.

›Der kleine Hans, Herr Doktor.‹

›Und was willst du, kleiner Hans?‹

›Der Sohn des Müllers ist von der Leiter gefallen und hat sich verletzt, und der Müller bittet Sie, gleich zu ihm zu kommen.‹

›Schön‹, sagte der Doktor, ließ sich das Pferd aus dem Stalle holen, zog sich die hohen Stiefel an, nahm seine Laterne, kam die Stiegen herab und ritt nach der Mühle und der kleine Hans trabte hinterher.

Aber der Sturm wurde immer heftiger und heftiger und der Regen goss in Strömen und der kleine Hans konnte kaum mehr sehen, wo er ging und konnte mit dem Pferd nicht mehr Schritt halten. Schließlich verlor er seinen Weg, irrte im Moor herum, wo es sehr gefährlich war, denn es gab da viele tiefe Löcher, und hier ertrank denn der arme kleine Hans. Am nächsten Tage wurde seine Leiche in einem gro-ßen Wassertümpel von einigen Ziegenhirten gefunden, und sie brachten sie in das Gartenhäuschen.

Die ganze Nachbarschaft beteiligte sich an dem Leichen-begängnis des kleinen Hans, denn man liebte ihn allgemein, und der Hauptleidtragende war der Müller.

›Da ich sein bester Freund war‹, sagte der Müller, ›schickt es sich, dass ich an erster Stelle gehe.‹ So schritt er denn an der Spitze des Zuges in einem langen schwarzen Rock vor-aus und fortwährend wischte er sich die Augen mit einem großen Taschentuch.

›Der kleine Hans ist gewiss ein großer Verlust für uns alle‹, sagte der Schmied, als das Leichenbegängnis vorüber war, und sie alle behaglich im Wirtshaus saßen und Würz-wein tranken und Rosinenkuchen verzehrten.

›Für mich ist es jedenfalls ein besonders großer Verlust!‹, sagte der Müller. ›Ich hatte ihm meinen Schubkarren schon so gut wie geschenkt und nun weiß ich nicht, was ich damit anfangen soll. Er steht mir zu Hause sehr im Wege und er ist in so schlechtem Zustand, dass ich gar nichts dafür kriege, wenn ich ihn verkaufen wollte. Ich werde mich in Zukunft hüten, wieder etwas zu verschenken. Man hat nur Schaden, wenn man zu großmütig ist.‹

»Und was weiter«, sagte der alte Ratzerich nach einer lan-gen Pause.

»Nun, das ist der Schluss der Geschichte«, sagte der grüne Hänfling.

»Und was wurde aus dem Müller?«, fragte der Wasserratz.

»Das weiß ich wirklich nicht«, sagte der Hänfling, »und es ist mir auch höchst gleichgültig.«

»Da sieht man, dass Sie keine liebevolle Natur sind«, sagte der Wasserratz.

»Ich glaube beinahe, Sie verstehen die Moral der Geschichte nicht«, sagte der Hänfling.

»Die was?«, schrie der Wasserratz.

»Die Moral.«

»Wollen Sie damit sagen, dass die Geschichte eine Moral hat?«

»Ganz gewiss!«, sagte der Hänfling.

»So?«, sagte der Wasserratz sehr ärgerlich, »das hätten Sie auch gleich sagen können, ehe Sie zu erzählen anfingen, dann hätte ich gewiss nicht zugehört, sondern ›Bah!‹ gesagt, wie der Kritiker. Übrigens kann ich das ja noch tun.«

Und so rief er denn sein »Bah!« mit voller Stimme, schlug einen Kringel mit seinem Schwanz und zog sich in sein Loch zurück.

»Können Sie die Wasserratte leiden?«, fragte die Ente den Hänfling, als sie einige Minuten später herangepaddelt kam. »Der Alte hat ja eine ganze Menge guter Eigenschaften, aber ich für mein Teil hab' nun einmal meine Muttergefühle, und ich kann keinen verstockten Junggesellen sehen, ohne dass mir Tränen in die Augen kommen.«

»Ich glaube, dass ich ihn gelangweilt habe«, sagte der grüne Hänfling. »Ich habe ihm nämlich eine Geschichte mit einer Moral erzählt.«

»Ja, das ist bei ihm stets eine gefährliche Sache«, sagte die Ente.

Und da bin ich ganz ihrer Meinung.

Die romantische Rakete

Man rüstete sich zur Hochzeit des Königssohnes und da herrschte eine allgemeine Freude. Er hatte ein ganzes Jahr lang auf seine Braut gewartet und endlich war sie gekommen. Sie war eine russische Prinzessin und hatte die ganze Reise von Finnland her in einem von sechs Renntieren gezogenen Schlitten gemacht. Der Schlitten war wie ein großer goldener Schwan gebaut und zwischen den Flügeln des Schwanes ruhte die kleine Prinzessin. Ihr langer Hermelinmantel reichte bis zu ihren Füßen hinab, auf ihrem Kopfe trug sie ein kleines, aus Silber gewebtes Käppchen, und sie war so bleich wie der Schneepalast, in dem sie immer gelebt hatte. So bleich war sie, dass sich alle Leute darob verwunderten, als sie durch die Straßen fuhr. Sie ist wie eine weiße Rose, sagten alle und warfen dabei Blumen von den Balkonen auf sie herab.

Am Tor des Schlosses stand der Prinz und erwartete sie. Er hatte verträumte veilchenfarbene Augen und sein Haar glich gesponnenem Golde. Als er sie sah, ließ er sich auf ein Knie nieder und küsste ihre Hand.

»Dein Bild war schön«, murmelte er, »aber du selbst bist noch schöner als dein Bild.« Und die kleine Prinzessin errötete.

»Sie glich vorhin einer weißen Rose«, sagte ein junger Page zu seinem Nachbar, »aber nun ist sie wie eine rote Rose.« Und der ganze Hof war entzückt.

In den nächsten drei Tagen gingen alle umher und sagten: »Rote Rose, weiße Rose, weiße Rose, rote Rose!« Und der König gab Befehl, dass des Pagen Gehalt verdoppelt werden sollte. Da er indes überhaupt kein Gehalt bezog, so nützte ihm das nicht viel, aber man betrachtete es als eine große Ehre, und der Staatsanzeiger nahm vorschriftsmäßige Notiz.

Als die drei Tage vorüber waren, wurde die Hochzeit gefeiert. Es war eine wunderbare Zeremonie und die Braut und der Bräutigam schritten Hand in Hand unter einem Baldachin aus Purpursamt, der über und über mit kleinen Perlen bestickt war. Dann gab es eine Hoftafel, die fünf Stunden dauerte. Der Prinz und die Prinzessin saßen obenan in der großen Halle und tranken aus einer Schale von klarem Kristall. Nur treue Liebende durften aus dieser Schale trinken, denn wenn sie falsche Lippen berührten, wurde sie grau und trübe und wolkig.

»Es ist ganz klar, dass sie einander lieben«, sagte der kleine Page, »so klar wie Kristall.« Und der König verdoppelte ein zweites Mal sein Gehalt, und: »Welche Ehre!«, riefen alle Hofleute.

Nach dem Bankett gab es einen großen Ball. Braut und Bräutigam tanzten den Rosentanz und der König hatte versprochen, dazu höchsteigen die Flöte zu spielen. Er spielte sehr schlecht, aber niemand hätte es zu sagen gewagt, denn er war der König. Er kannte nur zwei Stücklein und war nie ganz sicher, welches von beiden er gerade spielte. Aber das schadete nichts, denn, was er auch immer tat, alle Leute schrien: »Entzückend, entzückend!«

Die letzte Nummer des Programms war ein großes Feuerwerk, das genau um Mitternacht abgebrannt werden sollte. Die kleine Prinzessin hatte noch nie in ihrem Leben ein Feuerwerk gesehen, und so hatte der König dem königlichen Hoffeuerwerker den Auftrag gegeben, am Tage der Hochzeit seine Künste zu produzieren.

»Wie schaut ein Feuerwerk aus?«, hatte die Prinzessin den Prinzen gefragt, als sie eines Morgens auf der Terrasse spazieren gingen.

»Es sieht aus wie ein Nordlicht, nur viel natürlicher«, antwortete der König, der immer auf Fragen antwortete, die an andere Leute gerichtet waren. »Ich für mein Teil zieh' es sogar den Sternen vor, denn man weiß immer, wann so ein Feuerwerk losgeht, und es ist so schön wie mein Flötenspiel. Das Feuerwerk musst du unbedingt sehen.«

Am Ende des königlichen Gartens war also ein großes Gerüst aufgeschlagen worden, und sobald der königliche Hoffeuerwerker alles in Ordnung gebracht hatte, begannen die Feuerwerkskörper miteinander zu reden.

»Die Welt ist doch wirklich sehr schön!«, sagte ein kleiner Schwärmer. »Schaut euch nur einmal diese gelben Tulpen an. Sie könnten nicht schöner sein, und wenn es wirkliche Raketen wären. Ich bin doch sehr froh, dass ich Reisen gemacht habe. Reisen bildet den Geist in wunderbarer Weise und räumt mit allen Vorurteilen auf.«

»Der königliche Garten ist nicht die Welt, du närrischer Schwärmer«, sagte eine dicke römische Kerze. »Die Welt ist ein riesiger Platz, man braucht mindestens drei Tage, um sie gründlich kennenzulernen.«

»Jedes Plätzchen, das man liebt, ist für uns eine Welt«, sagte ein träumerisches Feuerrad, das seit seiner Jugend an einer alten Holzschachtel befestigt worden war und sich nun seines gebrochenen Herzens rühmte. »Aber Liebe ist nicht mehr modern, die Dichter haben sie getötet. Sie schrieben so viel darüber, dass ihnen niemand mehr glaubt, was mich gar nicht wundert. Wahre Liebe leidet und schweigt. Ich erinnere mich, dass ich selbst einmal – aber warum darüber reden? Die Romantik gehört der Vergangenheit an.«

»Unsinn«, sagte die römische Kerze, »Romantik stirbt niemals aus. Sie gleicht dem Monde und lebt ewig wieder. Braut und Bräutigam zum Beispiel lieben einander von Herzen. Ich habe diesen Morgen darüber alles von einer braunen Patrone gehört, die zufälligerweise in derselben Kiste lag wie ich und die neuesten Hofnachrichten kannte.«

Aber das Feuerrad schüttelte den Kopf: »Die Romantik ist tot, die Romantik ist tot, die Romantik ist tot«, murmelte sie. Das Feuerrad gehörte eben zu jenen Leuten, die da glauben, dass eine Sache endlich wahr wird, wenn man sie immer und immer wiederholt.

Plötzlich hörte man ein scharfes trockenes Husten und alles blickte sich um.

Das Husten kam von einer schlanken, hochmütig aussehenden Rakete, die ans Ende eines langen Stockes angebunden war. Sie hustete immer, bevor sie eine Bemerkung machte, um dadurch die Aufmerksamkeit auf sich zu lenken.

»Hem! hem!«, sagte sie und jedermann spitzte die Ohren, mit Ausnahme des armen Feuerrades, das immer noch den Kopf schüttelte und murmelte: »Die Romantik ist tot!«

»Ruhe, Ruhe!«, schrie ein Schwärmer. Er litt stark an politischen Anwandlungen und hatte an den Wahlen immer einen hervorragenden Anteil genommen, und so kannte er die gebräuchlichen parlamentarischen Ausdrücke.

»Ganz tot!«, flüsterte das Feuerrad und schlief ein.

Sobald tiefe Stille eingetreten war, hustete die Rakete zum dritten Mal und begann. Sie sprach mit einer gemessenen, klaren Stimme, als ob sie ihre Memoiren diktierte und blickte immer den, mit dem sie gerade redete, über die Schulter an. Alles in allem hatte sie wirklich sehr vornehme Manieren.

»Wie glücklich sich doch das für den Königssohn trifft«, bemerkte sie, »dass er gerade an dem Tage heiratet, wo ich losgelassen werden soll. Wenn man die ganze Sache mit Absicht so angelegt hätte, könnte es für ihn gar nicht besser ausfallen; aber Prinzen haben eben immer Glück.«

»Oh Gott«, sagte der kleine Schwärmer, »ich dachte, die Sache läge grade umgekehrt, und wir sollten zu Ehren des Prinzen abgebrannt werden.«

»Das trifft vielleicht bei Ihnen zu«, sagte die Rakete, »ich bin sogar überzeugt, dass dem so ist. Aber bei mir liegt die Sache doch anders. Ich bin eine ganz besondere Rakete und stamme von ganz besonderen Eltern. Meine Mutter war das berühmteste Feuerrad ihrer Zeit und war berühmt für ihr graziöses Tanzen. Als sie vor dem Publikum auftrat, drehte sie sich neunzehnmal um sich selbst, bevor sie erlosch, und bei jeder Drehung schleuderte sie sieben rote Sterne in die Luft. Sie hatte dritthalb Fuß im Durchmesser und war aus dem besten Schießpulver gemacht. Mein Vater war eine Rakete wie ich und von französischer Herkunft. Er flog so hoch, dass man allgemein fürchtete, er würde nie wieder zur Erde herabkommen. Er tat es aber schließlich doch, denn er war liebenswürdig veranlagt, und löste sich beim Fallen in einen Schauer von goldenem Regen auf. Die Zeitungen besprachen seine Leistung in den schmeichelhaftesten Ausdrücken und der Staatsanzeiger nannte ihn einen Triumph der Pylotechnik.«

»Pyrotechnik, meinen Sie wohl, Pyrotechnik«, sagte ein bengalisches Licht. »Ich weiß, es heißt Pyrotechnik, denn es steht so auf meiner eigenen Kapsel.«

»Ich aber sage Pylotechnik«, antwortete die Rakete sehr gemessen und das bengalische Licht war so beschämt, dass es sofort den kleinen Schwärmer einzuschüchtern begann, um zu zeigen, dass ein bengalisches Licht doch auch eine Person von Wichtigkeit wäre.

»Ich sagte also«, fuhr die Rakete fort, »ja, was sagte ich doch gleich?«

»Sie sprachen von sich selbst«, sagte die römische Kerze.

»Natürlich! Ich wusste doch, dass ich ein interessantes Thema behandelte, als ich so unfein unterbrochen wurde. Ich hasse Rohheit und schlechte Manieren, denn ich bin sehr sensibel. Niemand in der ganzen Welt ist so sensitiv wie ich.«

»Was heißt denn das: sensibel?«, fragte der Schwärmer die römische Kerze.

»Sensibel ist jemand, der andere Leute immer auf die Zehen tritt, weil er selbst Hühneraugen hat«, antwortete die römische Kerze und der Schwärmer platzte beinah vor Lachen.

»Bitte, worüber lachen Sie?«, fragte die Rakete, »ich lache doch auch nicht!«

»Ich lache, weil ich glücklich bin«, antwortete der Schwärmer.

»Das ist ein sehr eigennütziger Grund«, sagte die Rakete ärgerlich. »Welches Recht haben Sie glücklich zu sein? Sie sollten an andere Leute denken. Sie sollten zum Beispiel an mich denken. Ich denke immer an mich und ich erwarte, dass alle anderen das gleiche tun. Das nennt man Sympathie. Es ist eine sehr schöne Tugend und ich besitze sie im hohen Grade. Nehmen Sie zum Beispiel an, es würde mir heute Nacht etwas passieren. Welch ein Unglück wäre das für die ganze Welt! Der Prinz und die Prinzessin würden nie mehr glücklich sein können und ihr ganzes eheliches Leben wäre gestört. Und was den König betrifft, so weiß ich, er käme nicht wieder darüber hinweg. Wahrhaftig! wenn ich über die Bedeutung meiner Stellung nachzudenken anfange, so bin ich fast zu Tränen gerührt.«

»Wenn Sie anderen Leuten ein Vergnügen machen wollen, so bleiben Sie gefälligst lieber hübsch trocken«, sagte die römische Kerze.

»Gewiss!«, rief das bengalische Licht, das jetzt schon wieder besser aufgelegt war, »das lehrt ja der gemeine Menschenverstand.«

»Der gemeine Menschenverstand?«, sagte die Rakete verächtlich. »Ihr vergeht eben alle, dass ich ganz und gar nicht gemein bin, sondern etwas ganz Besonderes vorstelle. Gemeinen Menschenverstand kann jeder haben, vorausgesetzt, dass man keine Fantasie hat. Aber ich habe Fantasie, denn ich denke an die Dinge niemals, wie sie wirklich sind; ich denke sie mir immer als ganz anders und abweichend. Was nun mein Trockenbleiben betrifft, so ist wohl niemand hier, der überhaupt meine gefühlvolle Natur begreifen könnte. Glücklicherweise ist mir das höchst gleichgültig. Das einzige, was einen im Leben aufrecht erhält, ist das Bewusstsein der ungeheuern Inferiorität aller anderen, und das ist ein Gefühl, das ich immer gepflegt habe. Herz hat von euch ja niemand. Ihr lacht und seid glücklich, genau so, als ob der Prinz und die Prinzessin heute nicht Hochzeit hätten.«

»Warum auch nicht?«, rief eine kleine Leuchtkugel. »Hochzeitmachen ist doch ein sehr freudiger Anlass, und wenn ich in die Luft steige, will ich allen Sternen davon erzählen. Ihr werdet sehen, wie die Sterne blinzeln werden, wenn ich ihnen von der hübschen Braut berichte.«

»Das nenne ich eine triviale Weltanschauung«, sagte die Rakete. »Aber ich habe von Ihnen nichts anderes erwartet. In Ihnen steckt nichts, Sie sind hohl und leer. Vielleicht wohnen der Prinz und die Prinzessin einmal in einer Gegend, wo ein tiefer Fluss ist, und vielleicht haben sie auch einmal einen einzigen Sohn, einen kleinen blondgelockten Knaben mit Veilchenaugen, wie sie der Prinz hat. Kann das Kind nun nicht eines Tages mit der Amme spazieren gehen? Kann nicht vielleicht die Amme unter einem Fliederbusch einschlafen? Kann nicht das kleine Knäblein in einen tiefen Fluss fallen und ertrinken? Welch ein schreckliches Unglück! Oh über die Ärmsten, die ihr einziges Kind verlieren! Es ist zu schrecklich! Ich werde nie darüber Trost finden.«

»Aber Sie haben ja noch gar nicht ihr einziges Kind verloren«, sagte die römische Kerze. »Es ist ihnen ja überhaupt noch kein Unglück zugestoßen.«

»Ich habe auch gar nicht behauptet, dass ihnen ein Unglück zugestoßen ist«, erwiderte die Rakete, »sondern, dass ihnen ein Unglück zustoßen könnte. Wenn sie ihren einzigen Sohn wirklich verloren hätten, dann hätte es gar keinen Zweck, ein Wort weiter über diese Sache zu verlieren. Ich hasse Leute, die wegen vergossener Milch weinen. Wenn ich aber daran denke, dass sie den einzigen Sohn verlieren könnten, bin ich im höchsten Affekt.«

»Das glaube ich«, sagte das bengalische Licht. »Sie sind gewiss die affektierteste Person, die ich kenne.«

»Und Sie sind die roheste Person, die ich kenne«, erwiderte die Rakete, »und Sie können meine Freundschaft für den Prinzen überhaupt nicht begreifen.«

»Aber Sie kennen ihn ja überhaupt nicht«, brummte die römische Kerze.

»Ich habe auch nie behauptet, dass ich ihn kenne«, erwiderte die Rakete. »Und ich glaube auch, dass ich durchaus nicht sein Freund wäre, wenn ich ihn kennen würde. Es ist sehr gefährlich, seine Freunde zu kennen.«

»Denken Sie lieber daran trocken zu bleiben«, sagte die kleine Leuchtkugel. »Das ist die Hauptsache.«

»Eine Hauptsache für Sie, das glaub' ich, aber ich weine, wann es mir passt!«

Und wirklich brach die Rakete jetzt in echte Tränen aus, die gleich Regentropfen an ihrem Stock herunterrannen und beinahe zwei kleine Käferchen ersäuft hätten, die gerade mit dem Gedanken umgingen, sich einen hübschen eigenen Hausstand zu gründen, und sich nach einem trockenen Fleckchen dazu umsahen.

»Die Rakete scheint in der Tat eine echt romantische Natur zu sein«, meinte das Feuerrad, »denn sie weint, wo es gar keinen Anlass dazu gibt.« Und das Feuerrad seufzte tief auf und träumte von der hölzernen Schachtel.

Aber die römische Kerze und das bengalische Licht waren nicht wenig empört und riefen ganz laut: »Schwindel! Alles Schwindel!« Es waren eben äußerst praktische Naturen, und wenn ihnen etwas nicht in den Kram passte, so nannten sie es immer gleich Schwindel!

Da ging der Mond auf wie ein wunderbares Schild aus Silber, und die Sterne fingen an zu leuchten und Musik hallte aus dem Palaste her.

Der Prinz und die Prinzessin führten den Tanz. Sie tanzten so schön, dass die hohen weißen Lilien durch das Fenster hineinguckten und zusahen, und die großen roten Mohnblumen wiegten den Kopf und schlugen den Takt dazu.

Dann schlug es von der Turmuhr zehn, und dann elf und endlich zwölf, und mit dem letzten Schlage der Mitternacht strömte alles auf die Terrasse hinaus und der König schickte nach dem königlichen Hoffeuerwerker.

»Das Feuerwerk soll beginnen«, sagte der König und der königliche Hoffeuerwerker machte einen tiefen Bückling und stieg hinab bis ans Ende des Gartens. Er hatte sechs Diener mit sich und jeder trug eine flammende Fackel am Ende einer langen Stange.

Es gab nun wirklich ein wunderbares Schauspiel.

»Zzzz! Zzzz!«, machte das Feuerrad, als es sich zu drehen begann. »Bum! Bum!«, machte die römische Kerze. Dann tanzten die Schwärmer über den Platz und die bengalischen Lichter tauchten alles in ein feuriges Rot. »Lebt wohl!«, rief die kleine Leuchtkugel, als sie emporstieg und kleine blaue Funkensterne verstreute. »Knack! Knack!«, antworteten die Feuerfrösche, die sich riesig amüsierten. Und alles hatte einen großen Erfolg mit Ausnahme der romantischen Rakete. Sie war vom Weinen so nass geworden, dass sie überhaupt nicht losging. Das Beste an ihr war das Schießpulver und das war von Tränen so durchnässt, dass es ganz und gar versagte. All ihre armseligen Verwandten, zu denen sie sonst nur mit einem verächtlichen Blicke sprach, alle flogen in die Luft empor gleich wunderbaren goldenen Blumen mit feurigen Blüten.

»Hurra, hurra!«, schrie der Hof und die kleine Prinzessin lachte vor Vergnügen.

»Gewiss hebt man mich für eine ganz besondere Gelegenheit auf«, tröstete sich die Rakete, »und das ist offenbar der Zweck des Ganzen.« Und sie sah hochmütiger aus als je.

Am nächsten Morgen kamen die Arbeiter, um alles wieder aufzuräumen. »Das ist gewiss eine Deputation«, sagte die Rakete, »und die will ich mit gebührender Würde empfangen.«

Und sie steckte die Nase hoch in die Luft und machte ein überkluges Gesicht, als denke sie weiß Gott über welche Wichtigkeit nach. Aber die Arbeiter nahmen gar keine Notiz von ihr, und erst als sie sich schon entfernen wollten, bemerkte sie einer. »Sieh da!«, rief er, »hier liegt eine schlechte Rakete!« und warf sie über die Mauer in den Graben.

»Schlechte Rakete, schlechte Rakete?«, sagte sie, als sie durch die Luft wirbelte. »Unmöglich! Echte Rakete hat der Mann sicher gesagt! Schlecht und echt klingt sehr ähnlich und bedeutet auch oft dasselbe.« Und damit fiel sie in den Schlamm.

»Sehr angenehm ist es ja hier grade nicht«, bemerkte sie, »aber es ist gewiss ein elegantes Moorbad und man hat mich meiner Gesundheit willen hergeschickt. Meine Nerven sind ja auch sehr zerrüttet und ich brauche Ruhe.«

Da schwamm ein kleiner Frosch mit glänzenden Äuglein und in einem grünscheckigen Nock auf sie zu.

»Ein neuer Ankömmling, wie ich sehe«, sagte der Frosch, »ja es gibt auch nichts besseres in der Welt als den Schlamm. Hab' ich nur Regenwasser und einen Graben, dann bin ich vollkommen glücklich. Glauben Sie, dass es heute Nachmittag noch regnen wird? Ich wünschte wohl, es wäre dem so, aber der Himmel ist ganz blau und wolkenlos. Welch ein Jammer!«

»Hm, hm!«, machte die Rakete und begann zu husten.

»Welch eine entzückende Stimme Sie haben«, rief der Frosch, »sie klingt fast genau wie unser Quak quak! Und Quaken ist doch das musikalischste, was es in der Welt gibt. Sie sollten heute abend unseren Gesangverein hören! Wir tagen im alten Ententeich hinterm Pächterhaus, und sobald der Mond aufsteigt, legen wir los. Unser Gesang ist so hinreißend, dass alles wach liegt in den Betten, nur um uns zuzuhören. Gestern erst hörte ich, wie die Frau des Pächters zu ihrer Mutter sagte, dass sie unsertwegen nicht eine Sekunde lang die Augen hätte zutun können. Das ist doch sehr erfreulich, wenn man so beliebt ist.«

»Hem, hem!«, machte die Rakete verdrießlich, denn sie war sehr ärgerlich, dass sie kein Wort einwerfen konnte.

»Eine reizende Stimme, in der Tat!«, fuhr der Frosch fort. »Ich hoffe, Sie kommen heute abend ein bisschen zum Ententeich hinüber. Ich muss jetzt erst mal nach meinen Töchtern sehen. Ich habe nämlich sechs hübsche Töchter und ich fürchte, es könnte ihnen der Hecht begegnen. Das ist ein grässliches Ungeheuer und er würde keinen Augenblick zögern, sie zum Frühstück zu verspeisen. Also auf Wiedersehen, ich habe mich sehr gefreut, dass ich mich mit Ihnen unterhalten konnte!«

»Unterhaltung? Sehr gut«, sagte die Rakete, »Sie haben die ganze Zeit über allein gesprochen. Das nenne ich keine Unterhaltung.«

»Einer muss zuhören«, antwortete der Frosch, »und ich besorge das Sprechen gern allein. Man erspart damit Zeit und Streit!«

»Aber ich liebe den Streit!«, rief die Rakete aus.

»Hoffentlich doch nicht«, sagte der Frosch liebenswürdig. »Streit ist was sehr gemeines, denn in guter Gesellschaft haben alle Leute dieselbe Ansicht. Also nochmals auf Wiedersehen. Dort sehe ich schon meine Töchter.« Und der kleine Frosch schwamm fort.

»Sie machen einen ja ganz nervös«, sagte die Rakete, »und Sie sind sehr schlecht erzogen. Ich hasse Leute, die immer von sich selber sprechen wie Sie, wenn man, wie ich, von sich selbst sprechen will. Das nenne ich eigennützig und Eigennutz ist ganz verabscheuungswürdig, besonders bei meinem Temperament, denn ich bin meines sympathischen Wesens halber überall beliebt. Sie sollten sich an mir ein Beispiel nehmen, denn Sie könnten gar kein besseres Vorbild finden. Und weil Sie gerade jetzt dazu Gelegenheit haben sich zu bilden, so sollten Sie sie rasch benutzen, denn ich gehe in kürzester Zeit an den Hof zurück. Ich bin sehr gut angeschrieben bei Hofe. Mir zu Ehren haben der Prinz und die Prinzessin gestern geheiratet. Natürlich wissen Sie von all den Dingen nichts, denn Sie sind ein Provinziale.«

»Sie regen sich unnütz auf, wenn Sie mit ihm sprechen«, sagte eine Libelle, die an der Spitze eines großen braunen Rohrkolbens sah, »er ist nämlich schon längst fort.«

»Das ist sein Schade und nicht meiner«, knurrte die romantische Rakete. »Ich werde nicht aufhören mit ihm zu reden, nur deshalb, weil er nicht zuhört. Ich höre mich selbst sehr gern sprechen, das gehört zu meinen größten Genüssen. Ich führe oft lange Selbstgespräche und dabei rede ich so besondere Sachen, dass ich selber oft kein einziges Wort von dem verstehe, was ich sage.«

»Dann sollten Sie Vorträge über Philosophie halten«, sagte die Libelle, darauf breitete sie ein Paar entzückender Gazeflügel aus, erhob sich in die Luft und schwirrte davon.

»Wie dumm von ihr, dass sie nicht dablieb«, sagte die Rakete. »Solch eine Gelegenheit, den Geist zu bilden, findet
sie nicht oft. Was geht's mich übrigens an! Ein Genie wie
das meine findet eines Tages doch Anerkennung.« Und sie
versank noch etwas tiefer in den Schlamm.

Nach einiger Zeit kam eine dicke weiße Ente ange-
schwommen. Sie hatte gelbe Füße mit Schwimmhäuten und
galt wegen ihres Watschelns als große Schönheit.

»Quak, quak, quak«, sagte sie, »was für ein komisches
Gestell Sie doch sind! Darf ich mir die Frage erlauben, ob
Sie schon so geboren wurden oder erst durch ein Unglück
so geworden sind?«

»Es ist sonnenklar, dass Sie immer nur auf dem Lande gelebt haben«, antwortete die Rakete, »sonst würden Sie wissen, wer ich bin. Aber ich entschuldige Ihre Unwissenheit.
Es wäre unbillig, von anderen Leuten zu verlangen, dass
sie von derselben Bedeutung seien, die man selber hat. Sie
werden gewiss überrascht sein zu hören, dass ich bis in den
Himmel fliegen und dann in einem Schauer von goldenen
Regen wieder herunterkommen kann.«

»Na, davon halte ich nicht viel«, sagte die Ente, »da ich
nicht einsehen kann, was das für einen Zweck haben soll. Ja,
sehen Sie, wenn Sie Felder pflügen könnten wie der Ochse
oder einen Wagen ziehen wie das Pferd oder die Schafe be-
wachen wie der Schäferhund, das wäre etwas.«

»Ach Sie Ärmste«, rief die Rakete in einem sehr hochmuti-
gen Ton, »ich sehe schon, Sie gehören zu den untersten Klas-
sen. Eine Person von meinem Range hat niemals einen Zweck.
Wir haben gewisse Talente und das ist mehr als genügend. Ich
persönlich habe indessen gar keine Sympathie für irgendwelche Beschäftigung, die Sie mir da anzupreisen scheinen. Ich
war immer der Ansicht, dass nur die Leute zur Arbeit ihre
Zuflucht nehmen, die nichts anderes zu tun haben.«

»Schön, schön«, sagte die Ente, die von Natur sehr friedfertig war und niemals leicht mit jemand Streit anfing. »Jeder hat eben seinen Geschmack. Ich hoffe übrigens, dass Sie sich hier bei uns häuslich niederlassen werden?«

»Beileibe nicht!«, rief die Rakete, »ich bin hier nur auf Besuch, und zwar ein vornehmer Besuch! Ich finde den Ort scheußlich langweilig. Es gibt hier weder Gesellschaft noch Einsamkeit. Es riecht alles hier so nach Vorstadt. Ich werde wahrscheinlich an den Hof zurückkehren, denn ich weiß, dass ich dazu auserlesen bin, in der Welt großes Aufsehen zu machen.«

»Ich habe auch einmal daran gedacht, mich dem öffentlichen Leben zu widmen«, bemerkte die Ente, »denn es gibt soviel Dinge, die gründlich reformiert werden müssten. Vor einiger Zeit hab ich auch wirklich bei einer Versammlung den Vorsitz geführt und wir fassten allerhand Resolutionen, die alles verurteilten, was wir nicht leiden mochten. Aber sie scheinen nicht viel genützt zu haben. Jetzt gehe ich ganz in meiner Häuslichkeit auf und kümmere mich nur noch um meine Familie.«

»Ich bin für die Öffentlichkeit geboren«, antwortete die Rakete, »und auch alle meine Verwandten, selbst die bescheidensten Familienmitglieder sind es desgleichen. Wo und wann wir nur erscheinen, erregen wir die größte Aufmerksamkeit. Ich bin selbst noch nicht in die Öffentlichkeit getreten, aber wenn es erst dazu kommt, wird es ein unvergleichlicher Anblick werden. Was aber die Häuslichkeit betrifft, so altert man dadurch rasch und unser Geist wird von höheren Dingen abgezogen.«

»Ach ja die höheren Dinge im Leben, die sind wohl schön«, sagte die Ente, »und das erinnert mich daran, wie ich hungrig bin.« Und sie schwamm den Bach hinunter und machte: »Quak, quak, quak«.

»Kommen Sie zurück, kommen Sie zurück«, schrie die Rakete, »ich hab Ihnen noch eine Menge zu sagen.« Aber die Ente schenkte ihr keine Aufmerksamkeit.

»Ich bin froh, dass sie fort ist«, sagte die Rakete zu sich selbst. »Sie hat entschieden was spießbürgerliches an sich.« Und sie sank wieder ein bisschen tiefer in den Schlamm und begann über die Einsamkeit des Genies nachzudenken, als zwei kleine Bengels in weißen Kitteln angelaufen kamen, die einen Kessel und trockenes Reisig trugen.

»Das muss die Deputation sein«, sagte die romantische Rakete und suchte sehr würdevoll dreinzusehen.

»Hallo«, schrie einer der Jungen, »sieh doch den alten Stock da. Wie ist denn der hierhergekommen?« Und er fischte die Rakete aus dem Graben auf.

»Alter Stock?«, sagte die Rakete. »Unmöglich. Gewaltiger Stock sagte er gewitzt. Gewaltiger Stock ist sehr schmeichelhaft. Er hält mich gewiss für einen Würdenträger bei Hofe.«

»Wir wollen ihn ins Feuer legen«, sagte der andere Bube. »Dann wird der Kessel schneller ins Kochen kommen.«

Sie häuften nun das Reisig übereinander, legten die Rakete darauf und zündeten ein Feuer an.

»Das ist großartig«, rief die Rakete. »Sie lassen mich bei hellem Tageslicht aufsteigen, sodass mich jedermann sehen kann.«

»Jetzt werden wir erst ein bisschen schlafen«, sagten die beiden Jungen, »und wenn wir aufwachen, wird das Wasser sieden!« Und sie legten sich ins Gras und schlossen die Augen.

Die Rakete war sehr durchnässt und so dauerte es lange, bis sie Feuer fing. Aber endlich brannte sie doch.

»Nun gehe ich los!«, schrie sie und machte sich steif und starr. »Ich weiß, ich werde viel höher steigen als die Sterne, viel höher als der Mond, viel höher als die Sonne. Ich werde wirklich so hoch steigen, dass – Fzzz, fzzz, fzzz!« Und sie stieg kerzengerade in die Luft.

»Entzückend«, schrie sie, »nun werde ich ewig so weiter steigen. Ich mache eine ganz wunderbare Wirkung.«

Aber niemand sah sie.

Da begann sie ein merkwürdiges Prickeln am ganzen Körper zu fühlen.

»Nun werde ich gleich explodieren!«, jubelte sie. »Ich werde die ganze Welt in Brand setzen und dabei solch einen Lärm machen, dass man ein ganzes Jahr von nichts anderem sprechen wird.« Und in diesem Augenblicke explodierte sie wirklich. »Krach! Krach! Pfffst!«, machte das Schießpulver. Darüber bestand kein Zweifel.

Aber niemand hörte den Knall, nicht einmal die beiden kleinen Bengels, denn sie schliefen fest.

Und alles, was von der Rakete übrig blieb, war der Stock und dieser fiel einer Gans auf den Rücken, wie sie eben am Rande des Grabens spazierte.

»Großer Gott«, schrie die Gans, »jetzt regnet's schon Stöcke«, und sie plumpste schleunigst ins Wasser.

»Ich wusste ja, dass ich ein riesiges Aufsehen machen würde«, keuchte die romantische Rakete und ging aus … pffft!

Der Geist von Canterville

1.

Als Herr Hiram B. Otis, der amerikanische Gesandte, Schloss Canterville kaufte, sagte man allgemein, dass er töricht gehandelt habe, denn es sei kein Zweifel, dass es im Schloss spuke.

Selbst Lord Canterville, der ein Mann von peinlicher Ehrlichkeit war, hielt es für seine Pflicht, diese Tatsache Herrn Otis gegenüber zu erwähnen, als sie über die Kaufbedingungen sprachen.

»Wir haben selbst nicht mehr im Schlosse gewohnt«, sagte Lord Canterville, »seitdem meine Großtante, die verwitwete Herzogin von Bolton, einen furchtbaren Nervenschock erlitt, von dem sie sich nicht mehr erholte, weil sich ihr zwei Totenhände auf die Schulter legten, als sie sich grade zum Diner ankleiden wollte. Und ich fühle mich verpflichtet, es Ihnen zu sagen, Herr Otis, dass das Gespenst tatsächlich noch jetzt von mehreren lebenden Mitgliedern meiner Familie gesehen wird, sowie auch vom Pfarrherrn unserer Gemeinde, dem Reverend Augustus Dampier, der in Kings College, Cambridge, seinen Doktor gemacht hat. Nach dem unglückseligen Zufall mit der Herzogin wollte keiner unserer Dienstboten mehr bei uns bleiben, und meine Frau konnte seitdem des Nachts sehr oft kaum schlafen vor den geheimnisvollen Geräuschen, die aus dem Korridor und aus der Bibliothek herüberkamen.«

»Mein Herr«, antwortete der Minister, »ich nehme die Einrichtung und den Geist zum Taxwert. Ich komme aus einem modernen Lande, wo man alles haben kann, was für Geld zu kaufen ist, und da unsere jungen Leute sehr smart und hurtig sind und Ihnen die besten Tenöre und Primadonnen entführen, so nehme ich an, dass wir ein Gespenst, wenn es wirklich so etwas in Europa gäbe, in kürzester Zeit bei uns zu Hause entweder bei Barnum oder in einer Schaubude auf dem Fahrmarkt zu sehen bekommen würden.«

»Ich fürchte, das Gespenst existiert wirklich«, sagte Lord Canterville lächelnd. »Wenn es auch bisher den Lockkünsten Ihrer unternehmenden Impresarios widerstanden hat, so ist es doch seit drei Jahrhunderten wohlbekannt, genau gesagt seit dem Jahre 1584. Und es erscheint immer, ehe irgendein Mitglied der Familie sterben soll.«

»Nun, das pflegt sonst der Hausarzt zu tun, Lord Canterville; aber es gibt ja gar keine Gespenster, und ich glaube nicht, dass die Naturgesetze zugunsten der englischen Aristokratie aufgehoben sind.«

»Sie denken offenbar sehr aufgeklärt in Amerika«, antwortete Lord Canterville, der die letzte Bemerkung des Herrn Otis wohl nicht ganz begriffen hatte, »und wenn Sie ein Gespenst im Hause nicht weiter kümmert, so ist ja alles in Ordnung. Nur bitte ich Sie nicht zu vergessen, dass ich Sie gewarnt habe.«

Einige Wochen später war der Kauf abgeschlossen, und gegen Ende der Saison bezog der Gesandte mit seiner Familie das Schloss Canterville. Frau Otis, die als ein Fräulein Lukretia R. Tappan (West 53. Straße) für eine berühmte New Yorker Schönheit gegolten hatte, war nun eine sehr hübsche Frau in den besten Jahren, mit klugen Augen und einem untadeligen Profil. Viele amerikanische Damen nehmen, wenn sie ihr Heimatland verlassen, den Schein einer chronischen Kränklichkeit an und tun so, als sei dies ein Zeichen verfeinerter europäischer Kultur, aber Madame Otis war nie in diesen Irrtum verfallen. Sie hatte eine außerordentliche Gesundheit und einen wirklich staunenswerten Unternehmungsgeist. In vieler Hinsicht war sie ganz und gar englisch und bot so ein ausgezeichnetes Beispiel für die Tatsache, dass wir heute mit Amerika wirklich alles gemeinsam haben, natürlich mit Ausnahme der Sprache. Ihr ältester Sohn, den die Eltern in einem Anfall von Patriotismus »Washington« getauft hatten, was er Zeit seines Lebens nie zu bedauern aufgehört hatte, war ein blondhaariger, nett aussehender junger Mann, der sich insofern für den diplomatischen Dienst vorbereitete, als er in drei aufeinanderfolgenden Saisons den Kotillon in New Port Casino arrangierte und sogar in London als ausgezeichneter Tänzer bekannt war. Gardenien und die Pairswürde waren seine einzige Schwäche. Sonst war er außerordentlich verständig. Fräulein Virginia E. Otis war ein kleiner Backfisch von fünfzehn Jahren, biegsam und reizend wie ein Reh und mit einer entzückenden Klarheit in den großen blauen Augen. Sie war eine wundervolle Amazone, und hatte einmal mit dem alten Lord Bilton auf ihrem Pony ein Wettrennen veranstaltet: Zweimal um den Park herum, und sie hatte das Rennen mit anderthalb Pferdelängen gewonnen, gerade vor der Achillesstatue, zum großen Entzücken des jungen Herzogs von Cheshire, der auf der Stelle um sie anhielt und in derselben Nacht, in Tränen gebadet, von seinem Hofmeister nach Eton in seine Schule zurückgeschickt wurde. Nach Virginia kamen die Zwillinge, die man gewöhnlich das Sternenbanner nannte, weil sie immer geschwenkt, das heißt bestraft wurden. Es waren entzückende Bengels und, mit Ausnahme des ehrwürdigen Gesandten, die einzig wahren Republikaner in der Familie.

Da Schloss Canterville sieben Meilen weit weg von der nächsten Eisenbahnstation Ascot liegt, hatte Herr Otis nach dem Wagen telegrafiert und sie fuhren in bester Laune ab.

Es war ein entzückender Juliabend und die Luft war voll von dem würzigen Geruch der Fichtenwälder. Dann und wann hörte man eine Holztaube, die sich an ihrer eigenen

Stimme ergötzte, oder man sah am Wege, tief im rascheln-
den Farn die glänzende Brust eines Fasans auftauchen. Kleine Eichhörnchen blinzelten von den Buchen herunter und
die wilden Kaninchen stoben durch das Unterholz davon,
über die moosigen Hügelchen weg, die weißen Stummel-
schwänzchen hoch in der Luft tragend. Als der Wagen in
die Schlossallee einbog, bedeckte sich der Himmel plötzlich
mit Wolken und eine merkwürdige Stille lag mit einem Male
in der Luft. Ein großer Schwarm Krähen ging schweigend
über die Häupter der Familie hinweg, und ehe man noch das
Haus erreichte, fielen einzelne schwere Regentropfen.

Auf den Stufen stand eine alte Frau, um die Herrschaften zu empfangen, sauber in schwarze Seide gekleidet, mit
einem weißen Häubchen und einer Schürze angetan. Das
war Fräulein Umney, die Haushälterin, die Frau Otis auf
Lady Cantervilles Bitten in ihrer früheren Stellung belassen
hatte. Sie machte den Herrschaften, als sie ausstiegen, der
Reihe nach einen tiefen Knicks und sagte in eigentümlicher
altmodischer Art: »Ich biete Ihnen auf Canterville den Will-
kommgruß.« Man folgte ihr ins Haus und ging durch die
alte schöne Tudorhalle in die Bibliothek, ein langes, niede-
res Zimmer, mit schwarzem Eichenholz getäfelt, an dessen
Ende ein großes Fenster aus buntem Glase war. Hier war
der Tee für sie gedeckt, und nachdem alle ihre Mäntel abge-
legt hatten, setzten sie sich nieder und begannen sich umzu-
schauen, indes sie Fräulein Umney bediente.

Plötzlich erblickte Frau Otis einen großen dunkelroten
Fleck auf dem Fußboden, gerade vor dem Kamin, und ohne
daran zu denken, was der Fleck bedeute, sagte sie zu Fräulein Umney: »Ich glaube fast, hier ist etwas verschüttet worden.«

»Ja, Madame«, antwortete die alte Haushälterin mit leiser
Stimme, »Blut ist hier vergossen worden.«

»Wie schrecklich«, rief Frau Otis, »ich mag aber keinen Blutfleck in meinem Salon. Der Fleck muss gleich entfernt werden!«

Die alte Frau lächelte und antwortete mit derselben geheimnisvollen Stimme: »Es ist das Blut von Lady Eleonore Canterville, die hier auf diesem Flecke von ihrem eigenen Gatten, Sir Simon de Canterville, im Fahre 1676 ermordet wurde. Sir Simon überlebte sie noch neun Jahre und verschied dann plötzlich unter sehr merkwürdigen Umständen. Sein Körper wurde nie aufgefunden, aber sein schuldiger Geist spukt noch im Schlosse. Der Blutfleck ist von Reisenden und anderen Leuten schon oft bewundert worden, und es ist ganz unmöglich ihn zu entfernen.«

»Das ist ja alles Schwindel«, rief Washington Otis. »Pinkertons patentiertes Universalputzmittel und Paragons Fleckentferner werden damit schon bald fertig werden.« Und ehe es die entsetzte Haushälterin verhindern konnte, lag er schon auf den Knien und rieb den Boden mit einem kleinen Stift, der wie schwarze Bartwichse aussah. Einen Augenblick später war keine Spur von diesem Blutfleck mehr zu sehen.

»Ich wusste es ja, Pinkerton würde seine Schuldigkeit tun!«, rief er triumphierend und sah sich im Kreise der bewundernden Familie um, aber kaum hatte er diese Worte gesagt, als ein greller Blitz das dunkle Zimmer erleuchtete und ein schrecklicher Donnerkrach alles zu Boden warf. Fräulein Umney fiel in Ohnmacht.

»Was für ein schreckliches Klima!«, sagte der amerikanische Gesandte ruhig und zündete sich eine neue Zigarre an. »Ich fürchte fast, die alte Welt ist so übervölkert, dass es hier nicht mehr genug anständiges Wetter für jeden gibt. Ich war immer der Meinung, dass Auswanderung für England unbedingt notwendig sei!«

»Mein teurer Hiram«, sagte Frau Otis, »was kann man nur mit einer Frau anfangen, die in Ohnmacht fällt?«

»Sie muss dafür aufkommen, wie für zerbrochenes Glas«, sagte der Gesandte. »Du wirst sehen, sie wird dann nicht mehr in Ohnmacht fallen.«

Einige Augenblicke später kam Fräulein Umney wieder richtig zu sich, aber sie war ohne Zweifel außerordentlich aufgeregt und warnte Herrn Otis vor einem Unglück, das über das Haus kommen müsse.

»Ich habe mit meinen Augen Dinge gesehen, Herr, die einem jeden Christenmenschen die Haare sträuben machen, und viele, viele Nächte hindurch habe ich kein Auge geschlossen wegen der schrecklichen Dinge, die sich hier abspielen.« Aber Herr Otis und seine Gattin versicherten der ehrlichen Seele, dass sie sich vor Gespenstern gar nicht fürchteten; und nachdem die Haushälterin den Segen der Vorsehung auf ihre neue Herrschaft und um Erhöhung ihres Gehaltes gebeten hatte, schlich sie zitternd auf ihr Zimmer.

2.

Der Sturm wütete die ganze Nacht hindurch furchtbar, aber es ereignete sich sonst nichts Besonderes. Als die Herrschaften jedoch am nächsten Morgen zum Frühstück herabkamen, fanden sie den schrecklichen Blutflecken wieder auf dem Boden. »Paragons Fleckentferner kann unmöglich die Schuld haben«, sagte Washington, »denn ich habe ihn wiederholt erprobt: Da muss also richtig das Gespenst dahinterstecken.« Er rieb daher den Fleck ein zweites Mal fort, aber am nächsten Morgen war er wieder da. So auch am dritten Morgen, obwohl Herr Otis selbst die Bücherei am Abend versperrt und den Schlüssel mitgenommen hatte. Die ganze Familie war voll Interesse für diese Sache. Herr Otis begann anzunehmen, dass er im Ableugnen des Vorhandenseins von Gespenstern denn doch zu schroff gewesen sei. Frau Otis sprach die Absicht aus, sich der psychischen Gesellschaft anzuschließen, und Washington bereitete einen langen Brief vor an die Herren Myers und Pedmore über die Unvertilgbarkeit blutiger Flecke, wenn sie mit einem Verbrechen zusammenhängen. In derselben Nacht aber wurden ihnen alle Zweifel an der objektiven Existenz von Gespenstern endgültig behoben.

Der Tag war warm und sonnig gewesen und in der Abendkühle fuhr die ganze Familie spazieren. Sie kamen nicht vor neun Uhr nach Hause und nahmen ein leichtes Nachtmahl ein. Das Gespräch berührte Gespenster in keinerlei Weise, sodass nicht einmal die Grundbedingungen jener erwartungsvollen Aufnahmefähigkeit vorhanden waren, die sehr oft dem Erscheinen psychischer Phänomene vorangehen. Die Gesprächsstoffe, wie ich seitdem von Herrn Otis selbst gehört habe, waren durchgängig die gleichen, wie sie die gewöhnliche Konversation der gebildeten Amerikaner der besseren Klasse beherrschen, so zum Beispiel: die riesige Überlegenheit von Miss Davenport Sarah Bernhard gegenüber als Schauspielerin, die Schwierigkeit, selbst in den besten englischen Häusern Buchweizenkuchen und Maisbrei zu erhalten, die Bedeutung von Boston in Hinsicht auf die Entwicklung der Weltseele, die Vorzüge der Freigepäckscheine auf Reisen, und die angenehme Feinheit des New Yorker Akzents im Vergleich mit dem Londoner Schleppen des Dialektes. Übernatürliches wurde mit keiner Silbe erwähnt und keinem fiel es ein, auf Sir Simon de Canterville in irgendeiner Weise anzuspielen. Um elf Uhr zog sich die Familie zurück, und um halb zwölf waren alle Lichter ausgelöscht. Einige Zeit später wurde Herr Otis durch ein merkwürdiges Geräusch im Korridor vor seiner Tür erweckt.

Es klang wie ein Geklirr von Metall und schien mit jedem Augenblick näher zu kommen. Der Gesandte erhob sich sofort, zündete ein Streichhölzchen an und schaute auf die Uhr. Es war gerade ein Uhr. Er war ganz ruhig und befühlte seinen Puls, der durchaus nicht fiebrig war. Das merkwürdige Geräusch hielt an und gleichzeitig hörte er deutlich den Schall von Tritten. Er schlüpfte in seine Pantoffeln, nahm eine lange, schmale Bleitube von seinem Toilettentisch und öffnete die Tür. Da sah er sich gerade gegenüber im blassen Mondlicht einen alten Mann von ganz schrecklichem Aussehen, stehen. Seine Augen waren wie rotglühende Kohlen, langes, graues Haar fiel über seine Schultern in geflochtenen Locken, seine Kleider von uraltem Schnitt waren schmutzig und zerrissen und an seinen Hand- und Fußgelenken hingen schwere rostige Fesseln.

»Mein bester Herr«, sagte Herr Otis, »ich muss Sie schon dringend bitten, Ihre Ketten ein bisschen zu schmieren und habe Ihnen zu diesem Zwecke eine kleine Flasche von Tammanys Aurora-Creme mitgebracht. Man behauptet, dass es schon bei einmaliger Anwendung sofort wirke und auf der Umhüllung findet sich der Abdruck einer ganzen Reihe von vorzüglichen Attesten unserer heimischen Koryphäen. Ich lege Ihnen die Tube hier neben das Licht auf den Nachttisch und werde Ihnen mit Vergnügen noch mehr liefern, wenn Sie es benötigen.« Mit diesen Worten legte der Gesandte der Vereinigten Staaten die Bleitube auf den Marmortisch, schloss die Tür wieder zu und ging zu Bett.

Einen Augenblick lang stand das Gespenst von Canterville in ehrlicher Entrüstung ganz bewegungslos da. Dann warf es die Tube heftig auf den Boden, floh den Korridor hinunter, stieß dumpfe Seufzer aus und verbreitete ein geisterhaftes, glühendes Licht. Und als es gerade die große Eichentreppe erreichte, flog eine Türe auf, zwei kleine, weißgekleidete

Wesen erschienen und ein großes Kopfkissen sauste schwirrend an seinem Kopfe vorüber. Es gab offenbar keine Zeit zu verlieren, und so nahm der Geist rasch seine Zuflucht zur vierten Dimension im Raume, verschwand durch die Täfelung, und das Haus wurde wieder vollkommen ruhig.

Nachdem das Gespenst ein kleines verborgenes Zimmer im linken Flügel erreicht hatte, lehnte es sich erschöpft gegen einen Mondstrahl, um nur erst wieder zu Atem zu kommen, und dann begann es sich über seine Lage klar zu werden. Niemals war es in seiner glänzenden und ununterbrochenen Laufbahn von dreihundert Jahren so tief beleidigt worden! Es dachte an die Herzogin-Witwe, die es bis zu Krämpfen erschreckt hatte, als sie in Spitzen und Diamanten vor dem Spiegel stand, es dachte an die vier Kammermädchen, die hysterisch wurden, wenn es sie nur durch die Vorhänge des Fremdenzimmers angrinste, es dachte an den Pfarrherrn der Gemeinde, dem es die Kerze einmal ausgeblasen hatte, als er in einer Nacht spät aus der Bücherei kam und der seitdem in der Behandlung Sir William Gulls steht, als ein hilfloses Opfer nervöser Störungen, es dachte an die alte Madame de Tremouillac, die, als sie eines Morgens aufwachte und sah, wie ein Skelett im Lehnstuhl saß und ihr Tagebuch las, durch einen Anfall von Gehirnentzündung sechs Wochen ans Bett gefesselt war, bei ihrer Genesung sich mit der Kirche aussöhnte und jede Verbindung mit dem notorisch freigeistigen Herrn Voltaire abbrach. Es erinnerte sich an jene furchtbare Nacht, als der böse Lord Canterville gefunden wurde, der in seinem Ankleidezimmer halberstickend nach Atem rang, weil ihm der Karobub im Halse steckte, und gerade noch bevor er starb, beichten konnte, dass er Charles Fames Fox mit eben dieser Karte um fünfzigtausend Pfund Sterling im Spiele betrogen habe, und er schwur nun, dass ihn der Geist jetzt gezwungen habe, diese Karte zu verschlucken.

Alle seine Großtaten fielen ihm jetzt ein, angefangen vom Kammerdiener, der sich in der Küche erschoss, weil er sah, wie eine grüne Hand ans Fenster klopfte, bis zur schönen Lady Stutfield, die immer ein schwarzes Samtband um den Hals tragen musste, um die Spur von fünf Fingern, zu verbergen, die dort in ihre weiße Haut eingebrannt waren, und die sich schließlich im Karpfenteich am Ende des Königsweges ertränkte. Mit der enthusiastischen Selbstliebe des wahren Künstlers ging das Gespenst alle seine berühmten Leistungen durch, und lächelte bitter, als es sich seiner letzten Erscheinung als Roter Reuben oder der erwürgte Säugling, seines Debüts als Riese Gibeon, der Blutsauger von Bebley Moor erinnerte und als es an das Furore dachte, das es an einem wundervollen Juniabend gemacht hatte, nur weil es mit seinen eigenen Knochen auf einem Lawn-Tennisplatz Kegel spielte. Und nun nach alledem kamen diese verflixten Amerikaner und bieten ihm Aurora-Creme an und werfen ihm Kopfkissen an den Kopf. Es war ganz unerträglich! Wahrhaftig, so war noch niemals ein Gespenst behandelt worden! Darum beschloss es sich zu rächen und blieb bis zum Morgengrauen in tiefes Nachdenken versunken.

3.

Als sich die Familie Otis am nächsten Morgen beim Frühstück traf, besprach man die Erscheinung des Geistes mit einiger Ausführlichkeit. Der Gesandte der Vereinigten Staaten war natürlich ein bisschen ungehalten, als er sah, dass man sein Geschenk nicht angenommen hatte. »Ich wünsche nicht«, erklärte er, »das Gespenst irgendwie persönlich zu beleidigen, und ich muss sagen, dass ich es in Anbetracht der langen Zeit, die es jetzt schon im Hause verbringt, nicht sehr höflich finde, ihm Bettkissen an den Kopf zu werfen«, –

eine sehr richtige Bemerkung, die aber, dies muss ich zu meinem Leidwesen gestehen, die Zwillinge zu einem heftigen Lachen reizte – »andererseits«, fuhr er fort, »werden wir gezwungen sein, ihm seine Ketten wegzunehmen, wenn es wirklich keine Aurora-Creme benutzen will. Es wäre ganz unmöglich zu schlafen, wenn auf dem Korridor ein solcher Spektakel herrscht.«

Den Rest der Woche blieben sie übrigens ungestört und die einzige Sache, die ihre Aufmerksamkeit erregte, war die stete Wiederkehr des Blutfleckes auf dem Fußboden der Bibliothek. Das war gewiss sehr sonderbar, da Herr Otis jede Nacht die Tür verschloss und die Fenster sorgfältig verriegelte. Auch die wechselnde Farbe des Fleckes erregte vielerlei Vermutungen: An manchem Morgen war er von einem tiefen, fast indischen Rot, dann wieder karminrot, dann von einem satten Purpur und als sie eines Tages herunterkamen, um dem schlichten Ritus der freien amerikanischen reformierten Kirche gemäß zu beten, fanden sie den Fleck von einem tiefen Smaragdgrün. Dieser kaleidoskopische Wechsel unterhielt die Familie natürlich sehr und jeden Abend wurden Wetten daraufhin abgeschlossen. Die einzige, die an keinem dieser Späße teilnahm, war die kleine Virginia, die immer aus irgendeinem unerklärlichen Grunde bei dem Anblick des Blutfleckes ziemlich aufgeregt war und beinah zu weinen begann, als er eines Morgens smaragdgrün erschien.

Die zweite Erscheinung des Geistes fand Sonnabend nachts statt. Kurz nachdem alle zu Bett gegangen waren, wurden sie plötzlich durch einen furchtbaren Krach in der Halle aufgeschreckt. Sie stürzten sämtlich die Treppe herunter und da fanden sie, dass sich eine schwere alte Rüstung von ihrem Ständer losgelöst hatte und auf die Steinfliesen gefallen war. In einem hochlehnigen Stuhle aber saß das Gespenst von Canterville und rieb seine Knie mit einem Ausdruck grässlichen Schmerzes im Gesicht. Die Zwillinge hatten ihre Flitzbogen mitgebracht und schossen sofort zwei Pfeile auf ihn, mit einer Zielsicherheit, die sie nur durch eine lange und sorgfältige Übung nach ihrem Schreiblehrer gewonnen hatten. Der Gesandte der Vereinigten Staaten aber legte den Revolver auf ihn an und rief ihn kalifornischer Sitte gemäß an: »Hände hoch!« Der Geist sprang aber mit einem wilden Wutschrei empor und fuhr wie ein Nebelstreifen mitten durch die Familie hindurch zum Dach hinaus, wobei er noch Washingtons Kerze auslöschte und sie alle in tiefer Finsternis zurückließ. Als er oben das Treppenhaus erreicht hatte, erholte er sich wieder und beschloss, sein berühmt gewordenes dämonisches Gelächter aufzuschlagen, das sich ihm bei mancher Gelegenheit schon sehr nützlich erwiesen hatte. Soll es doch Lord Rakers Perücke in einer Nacht grau gemacht und jedenfalls drei von Lady Cantervilles französischen Gouvernanten veranlasst haben, ihre Stellungen ohne Kündigung mitten im Monat aufzugeben. Er lachte also sein schreckliches Lachen, bis das alte Gewölbe dröhnend widerhallte, aber kaum hatte sich das letzte grausige Echo verloren, als sich die Türe öffnete und Frau Otis in einem lichtblauen Morgenrock erschien.

»Ich glaube, Ihnen ist nicht ganz wohl«, sagte sie, »und deshalb bringe ich Ihnen eine Flasche von Doktor Dobells Pain-Expeller mit. Wenn Sie Leibschmerzen haben, so wird das sicherlich im Augenblick helfen.«

Der Geist blickte sie wütend an und wollte sich sofort in einen großen schwarzen Hund verwandeln, ein Kunststückchen, durch das er mit Recht berühmt war, und dem der Hausarzt immer die Geistesgestörtheit von Lord Cantervilles Onkel, dem edeln Thomas Horton zuschrieb. Aber der Schall nahender Tritte ließ ihn von seinem grausigen Vorhaben absehen und so begnügte er sich, schwach zu phosphoreszieren und mit einem dumpfen Kirchhofsseufzer gerade in dem Augenblicke zu verduften, als die Zwillinge auf ihn zukamen.

Als der Geist sein Zimmer erreichte, knickte er völlig in sich zusammen und wurde die Beute heftigster Gemütsbewegung. Die Roheit der Zwillinge, der krasse Materialismus von Frau Otis waren natürlich sehr peinlich, aber was ihn am meisten ärgerte, war der Umstand, dass er nicht mehr imstande gewesen war, die alte Rüstung zu tragen. Er hatte gehofft, dass selbst moderne Amerikaner erschauern würden beim Anblick eines Gespenstes in einer Rüstung, wenn auch aus keinem anderen vernünftigen Grunde, als aus Respekt vor ihrem Leib- und Magenpoeten Longfellow, über dessen graziösen und anziehenden Versen er selbst manche Stunde verbracht hatte, wenn die Cantervilles in London waren. Überdies war es noch dazu seine eigene Rüstung! Er hatte sie mit großem Erfolg beim Kennilworthturnier getragen und die jungfräuliche Königin Höchstselbst hatte ihn dazu auf das schmeichelhafteste beglückwünscht. Als er sie aber heute angelegt hatte, war er von dem Gewichte des schweren Brustpanzers und des Stahl-Helmes völlig erdrückt worden, sodass er schwer auf das Steinpflaster niederstürzte, sich beide Knie abgeschunden und das rechte Handgelenk verstaucht hatte.

Mehrere Tage lang fühlte er sich nun höchst unwohl, verließ kaum sein Zimmer und spukte nur nächtlich hervor, um den Blutfleck in richtigem Zustand zu erhalten. Aber er genas bald, indem er sich sehr schonte, und beschloss nun einen dritten Versuch zu machen, um den Gesandten der Vereinigten Staaten und seine Familie zu erschrecken. Er wählte für sein Debüt den Freitag, den siebzehnten August, und verbrachte den größten Teil des Tages mit dem Durchsehen seiner Garderobe, bis er sich endlich zu einem großen

Hut mit breiter Krempe und einer roten Feder entschloss, sich vom Hals bis zu den Füßen in ein mit Rüschen besetztes Totenhemd hüllte und einen rostigen Dolch in die Hand nahm. Gegen Abend machte sich ein heftiger Regensturm auf, und der Wind war so stark, dass alle Fenster und Türen im alten Haus schütterten und klirrten. Das war zum Spuken just das rechte Wetter, ein Wetterchen, wie er es liebte! Sein Kriegsplan war nun folgender:

Er wollte sich ganz geräuschlos in Washingtons Zimmer schleichen, ihm vom Fußende seines Bettes aus allerhand blödsinniges Zeug vorquasseln und sich dann zu den Klängen einer leisen geisterhaften Musik dreimal den Dolch tief ins Herz stoßen. Er hatte auf Washington einen ganz besonderen Groll, weil er wusste, dass grade er den berühmten Cantervilleschen Blutfleck immer wieder mit Pinkertons Fleckwasser entfernte. Hatte er dann den tollkühnen und leichtsinnigen Menschen in einen Zustand namenlosesten Schreckens versetzt, so wollte er in das Zimmer gehen, drin der Gesandte der Vereinigten Staaten mit seiner Frau schlief, um dort eine klebrige Hand auf die Stirn der Frau Otis zu legen, indes er in das Ohr des zitternden Gatten die schrecklichen Geheimnisse des Beinhauses flüsterte. Was aber die kleine Virginia betraf, so war er sich über sie noch nicht ganz im Klaren. Sie hatte ihn nie besonders beleidigt, und war hübsch und sanft. Einige tiefe Seufzer aus dem Kleiderschrank würden vielleicht genügen, dachte er, und wenn sie dabei nicht erwachte, so konnte er ja noch mit zuckenden Fingern ein bisschen an den Bettlaken krabbeln. Was aber die Zwillinge anging, so war er entschlossen, ihnen eine ordentliche Lektion zu erteilen. Vor allem wollte er sich ihnen auf die Brust setzen, um bei ihnen das beklemmende Gefühl eines Albdrückens hervorzuzaubern. Dann wollte er sich, da ihre Betten ganz dicht beieinanderstanden, in Gestalt eines grünen eiskalten Leichnams so lange dazwischenstellen, bis sie die Furcht lahmte, und schließlich war es seine Absicht das Leintuch abzuwerfen, um mit weißen, gebleichten Knochen und einem rollenden Augapfel im Zimmer umherzukriechen, etwa in der Art des Stummen Daniel oder des Skeletts des Selbstmörders, einer Rolle, die er mehr als einmal mit großem Erfolg gespielt hatte, und die er für ebenso durchschlagend hielt, wie sein berühmtes Auftreten in Martin dem Wahnsinnigen oder das Geheimnis mit der Larve.

Um halb elf Uhr hörte er, wie die Familie zu Bette ging. Eine Zeit lang beunruhigte ihn noch das wilde Gelächter der Zwillinge, die sich mit der leichtherzigen Fröhlichkeit der Schuljungen herrlich zu amüsieren schienen, ehe sie zur Ruhe gingen. Aber ein Viertel nach elf war alles ruhig, und als die Mitternacht schlug, legte er los.

Die Eule schlug mit den Flügeln gegen die Fensterläden, der Rabe krächzte auf dem alten Taxusbaum und der Wind schlürfte seufzend um das Haus wie eine verlorene Seele; aber die Familie Otis schlief unbekümmert um ihr Schicksal, und hoch über Regen und Sturm erhob sich das kräftige Schnarchen des Gesandten der Vereinigten Staaten. Da trat der Geist verstohlen aus der Täfelung hervor, mit einem bösen Lächeln um seinen grausam verrunzelten Wund, dass sogar der Mond sein Licht in einer Wolke verbarg, als er am Erkerfenster gespensterte, wo sein eigenes Wappen und das seines ermordeten Weibes in Gold und Himmelblau gemalt war. Weiter und weiter huschte er wie ein böser Schatten, und die Finsternis selbst schien ihm bei seinem Vorüberschreiten voll Ekel auszuweichen. Einmal glaubte er, dass ihn jemand rief und blieb stehen, aber es war nur das Bellen eines Hundes in einem nahen Pächterhof, und er schlich weiter und murmelte seltsame Flüche aus dem sechzehnten Jahrhundert und schwang dann und wann seinen rostigen

Dolch in der mitternächtigen Luft. Endlich erreichte er die Ecke des Korridors, wo des armen Washingtons Zimmer lag. Einen Augenblick blieb er stehen und der Wind blies seine langen grauen Locken über sein Haupt zurück und bauschte das unheimliche Leichentuch des toten Mannes zu grotesk-fantastischen Falten auf. Da schlug die Uhr ein Viertel und er fühlte, dass seine Zeit gekommen sei. Er grinste zufrieden in sich hinein und trat einen Schritt in die Ecke. Aber kaum hatte er dies getan, so taumelte er mit einem jammervollen Rufe des Schreckens zurück und verbarg sein bleiches Gesicht in den langen knochigen Händen. Gerade ihm gegenüber stand ein schreckliches Gespenst, bewegungslos wie ein erzenes Standbild und hässlich wie der Traum eines Irren! Sein Kopf war kahl und glänzend, sein Gesicht war rund und fett und weiß, und ein widerliches Lachen schien seine Züge zu einem ewigen Grinsen erstarrt zu haben. Aus den Augen schossen Strahlen eines scharlachroten Lichtes, der Mund glich einer tiefen Feuerhöhle und ein greuliches Gewand, noch scheußlicher als sein eigenes, verbarg in schneeigem Weiß die Figur des Riesen. An seiner Brust war ein Plakat mit merkwürdig altertümlicher Schnörkelschrift befestigt, offenbar eine Schandrolle, die Aufzählung wilder Missetaten oder irgendein Register schrecklicher Verbrechen enthaltend, und in seiner rechten Hand hielt er eine Keule von glühendem Stahl.

Weil das Gespenst noch niemals ein Gespenst gesehen hatte, so war es natürlich furchtbar erschrocken und nach einem zweiten hastigen Blick auf das entsetzliche Fantom floh es zurück in sein Zimmer, stolperte nochmals über sein langes, flatterndes Hemd, wie es durch den Korridor hinflog und warf endlich den rostigen Dolch in einen hohen Reiterstiefel des Gesandten, wo ihn der Hausknecht am nächsten Tage fand.

Als der Geist wieder in der Einsamkeit seines eigenen Zimmers angekommen war, warf er sich auf sein kleines Feldbett und verbarg sein Gesicht unter der Bettdecke. Aber nach einiger Zeit raffte sich das tapfere alte Gespenst von Canterville wieder zusammen und beschloss noch einmal hinzugehen und mit dem anderen Gespenst zu reden, sobald der Tag grauen würde. So ging denn der Geist, als die Dämmerung die Hügel versilberte, zu der Stelle zurück, wo er zum ersten Male das entsetzliche Fantom erblickt hatte, denn er sagte sich, dass schließlich zwei Gespenster jedenfalls besser wären als eines, und dass er mit Hilfe seines neuen Freundes ganz bequem mit den beiden Zwillingen fertig werden würde. Als er aber den Ort erreichte, bot sich ihm ein furchtbarer Anblick. Dem Gespenst war offenbar irgendein Malheur passiert, denn das Licht war vollständig aus seinen Augenhöhlen verschwunden, die glühende Keule war seiner Hand entfallen und es selbst lehnte in einer gekrümmten und höchst unbequemen Haltung an der Wand. Der Canterviller stürzte vorwärts und rührte es beim Arme an. Da fiel zu seinem Entsetzen der Kopf ab und rollte auf dem Boden, der Körper sank hintenüber und er hielt eine weiße Tüllgardine und einen Kehrbesen in seinen Händen, während ein Küchenbeil und eine hohle Rübe zu seinen Füßen lag. Unfähig, diese merkwürdige Umwandlung zu begreifen, griff er in fieberischer Hast nach dem Plakat, und da las er im grauen Morgenlicht die furchtbaren Worte:

Der Geist der Otis!
Der einzig echte Originalspuk!
Alle anderen sind Schwindel!
Gesetzlich geschützt!
Vor Nachahmung wird gewarnt!

Mit einem Mal ging ihm ein Licht auf. Man hatte ihn genarrt, gefoppt, verhöhnt! Aus seinem Auge blitzte der berühmte alte Blick von Canterville. Er schlug die zahnlosen Kiefer zusammen, erhob die fleischlosen Hände über dem kahlen Haupt und schwor, getreu der malerischen Phraseologie der alten Schule, dass, wenn der Hahn zum zweiten Mal fröhlich gekräht haben würde, Ströme von Blut fließen müssten und der Mord auf schweigenden Sohlen über die Schwelle des Hauses treten würde.

Kaum hatte der Geist seinen schauerlichen Eid vollendet, als vom roten Ziegeldach eines Bauernhofes der Hahn krähte. Das Gespenst lachte ein langes, hohles bitteres Lachen und wartete. Es wartete Stunde auf Stunde, aber der Hahn krähte aus irgendeinem unerklärlichen Grunde nicht zum zweiten Mal. Endlich um halb acht verscheuchte ihn von seinem schrecklichen Wachposten die Ankunft der Hausmädchen, und der Geist schlich in sein Zimmer zurück und dachte an seinen nutzlosen Eid und an seine vereitelte Absicht. Dort zog er einige alte Ritterbücher zu Rate, die er sehr gerne hatte, und fand, dass der Hahn stets ein zweites Mal gekräht hatte, so oft dieser Eid gesprochen worden war. »Fluch und Verdammnis treffe den faulen Gockel!«, murmelte er. »Hätte ich doch den Tag gesehen, wo ich ihm mit meinem sicheren Speer die Kehle durchbohrt hätte! Dann würde er für mich ein zweites Mal haben krähen müssen, und sei es auch erst im Tode gewesen!« Dann zog sich das Gespenst in einen bequemen Bleisarg zurück und blieb darin bis zum Abend liegen.

4.

Am nächsten Tage fühlte sich der Geist recht schwach und müde. Die furchtbaren Aufregungen der letzten vier Wochen begannen ihre Wirkung auszuüben. Seine Nerven waren ganz zerrüttet, und bei dem geringsten Geräusch schreckte er zusammen. Fünf Tage lang blieb er still auf seinem Zimmer und entschloss sich endlich auch, die ewige Mühe mit dem Blutfleck in der Bücherei aufzugeben. Wenn ihn die Familie Otis nicht haben wollte, schön: So verdiente sie ihn eben nicht! Das waren augenscheinlich Leute, die auf einer sehr tiefen materialistischen Bildungsstufe standen und ganz unfähig waren, den symbolischen Wert eines niedlichen Hausgespenstes zu begreifen. Die Frage übersinnlicher Erscheinungen und die Entwicklung von Astralkörpern war natürlich eine ganz andere Sache und unterstand nicht seinem Machtbereich. Es war seine verdammte Pflicht und Schuldigkeit, einmal in der Woche im Korridor zu spuken und jeden ersten und dritten Mittwoch im Monat vom hohen bunten Glasfenster herab etwas sinnloses Zeug herab zu murmeln. Er sah nicht ein, wie er sich von diesen beiden Verpflichtungen auf ehrenvolle Weise freimachen könnte. Gewiss war sein Leben sehr ruchlos gewesen, aber andererseits war er (wie jeder zugeben wird) sehr gewissenhaft in allen Dingen, die mit dem Übernatürlichen zusammenhingen. Am nächsten dritten Freitag ging er also pflichtgemäß zwischen Mitternacht und drei Uhr durch den Korridor und nahm jede mögliche Vorsicht wahr, nicht gesehen und gehört zu werden. Er zog seine Stiefel aus, schlich so leicht er konnte, über den alten wurmstichigen Boden, trug einen großen schwarzen Samtmantel und benutzte gewissenhaft Aurora-Creme, um seine Ketten damit zu schmieren. Ich bin aber verpflichtet zu bekennen, dass er es erst nach langem Zaudern über sich brachte, diese letzte Vorsichtsmaßregel anzuwenden. Eines Abends jedoch schlüpfte er, während die Familie bei Tische saß, in das Schlafzimmer des Herrn Otis und holte sich die Flasche. Er fühlte sich anfangs zwar etwas gedemütigt, aber später sah er doch ein, dass sich sehr viel zugunsten der Erfindung sagen ließe und dass sie bis zu einem gewissen Grade auch seiner Absicht diente. Und trotz alledem, und alledem blieb er nicht unbelästigt. Beständig waren Stricke durch den Korridor gespannt, über die er in der Dunkelheit stolperte, und einmal, als er gerade das Kostüm des Schwarzen Isaak oder des Jägersmanns von Hogley-Woods trug, kam er schwer zu Fall, weil er auf einer fettgeschmierten Stelle ausglitt, die die Zwillinge vom Eingang des Gobelinzimmers an bis zur Eichentreppe hergerichtet hatten. Diese letzte Beleidigung machte ihn so wütend, dass er sich entschloss einen letzten Versuch zu wagen, um sich seine Würde und seine soziale Stellung zu sichern, und dies sollte dadurch geschehen, dass er die frechen Jungen in der nächsten Nacht in seiner berühmten Rolle als Kühner Rupert oder der Kopflose Graf besuchen wollte.

Seit mehr als siebzig Jahren war er nicht mehr in dieser Rolle aufgetreten, nicht, seitdem er dadurch die hübsche Lady Barbara Moonish so erschreckt hatte, dass sie plötzlich ihre Verlobung mit dem Großvater des jetzigen Lord Canterville aufhob, und dafür mit dem hübschen Jack Castletown nach Gretna Green lief, und erklärte, dass sie nichts in der Welt veranlassen könnte, in eine Familie hineinzuheiraten, die es zuließe, dass so schauerliche Gespenster in der Dämmerung auf der Terrasse spazieren gingen. Der arme Jack wurde später zu Wandsworth von Lord Canterville im Duell erschossen und Lady Barbara starb in Tunbridge Wells an gebrochenem Herzen, bevor das Jahr um war. Alles in allem also damals ein großer Erfolg! Es war aber eine außerordentlich schwierige Maske – wenn ich diesen Theaterausdruck in Verbindung mit einem der größten Geheimnisse des Abernatürlichen gebrauchen darf – und er hatte drei volle Stunden nötig, um feine Vorbereitungen zu treffen.

Endlich war alles in Ordnung und er war mit seinem Aussehen äußerst zufrieden. Die hohen ledernen Reitstiefel, die zum Kostüm gehörten, waren ihm freilich ein bisschen zu weit und er konnte nur eine von den beiden Sattelpistolen finden, aber schließlich war er doch sehr zufrieden, und viertel nach eins glitt er aus der Wandverkleidung hervor und schlich den Korridor hinab.

Als er das Zimmer der Zwillinge erreichte, das, wie ich erwähnen will, wegen der Farbe seiner Vorhänge das blaue Zimmer genannt wurde, fand er die Tür nur angelehnt. Da er sich einen effektvollen Auftritt sichern wollte, öffnete er sie weit – schwapp! Da fiel ein schwerer Wasserkrug von oben her auf ihn herab, durchnässte ihn bis auf die Haut und streifte obendrein seine linke Schulter. Im selben Augenblick hörte er ein unterdrücktes Lachen aus den Betten herkommen. Der Nervenschock war so stark, dass er, so rasch er konnte, sofort in sein Zimmer zurücklief und den nächsten Tag mit einem strammen Schnupfen festlag. Das einzige, was ihn bei der ganzen Geschichte tröstete, war der Umstand, dass er seinen Kopf nicht mitgenommen hatte, denn wenn dies der Fall gewesen wäre, hätten die Folgen für ihn sehr schwer sein können.

Er gab nun alle Hoffnung auf, dieser ordinären Amerikanerfamilie Schrecken einzujagen, und begnügte sich in der Regel damit, in Pantoffeln durch die Korridore zu schleichen, mit einem dicken rotwollenen Tuch um den Hals, aus Angst vor Erkältung, und einer kleinen Armbrust in der Hand, um sich nötigenfalls gegen die Zwillinge zu verteidigen. Aber der letzte, der Hauptschlag, der gegen ihn unternommen wurde, geschah am 19. September.

Er war die Treppe bis zur großen Eingangshalle hinuntergegangen in der sichern Annahme, dass er dort jedenfalls unbelästigt bleiben würde, und unterhielt sich damit, satirische Bemerkungen über die lebensgroßen Fotografien des Gesandten und seiner Gattin zu machen, die jetzt an Stelle der großen Canterville-Familienbilder prangten. Er war einfach, aber sauber in ein langes Laken gekleidet, das nur leichte Flecke von Kirchhofmoder zeigte, hatte seine untere Kinnlade mit einem gelben Leinwandstreifen hochgebunden und trug eine kleine Laterne und eine Totengräberschaufel. Es war das Kostüm von Jonas dem Gruftlosen oder dem Leichenschänder von Chertsey Barn, eine seiner glänzendsten Darbietungen, die kennenzulernen die Cantervilles alle Ursache hatten, denn sie war der eigentliche Grund ihres ewigen Streites mit dem benachbarten Lord Rufford. Es war etwa viertel nach zwei Uhr morgens und soweit er sich vergewissern konnte, rührte sich nichts. Als er aber gemütlich nach der Bibliothek hinschlenderte, um dort wieder einmal nach dem lieben alten Blutfleck zu sehen, da sprangen aus einem dunklen Winkel plötzlich zwei Gestalten hervor, die wild die Arme über den Kopf empor warfen und ihm ein furchtbares »Buh« in die Ohren brüllten.

Von einer unter diesen Umständen nur allzu begreiflichen Panik ergriffen, stürzte er nach der Treppe hin.

Aber dort erwartete ihn Washington Otis mit der großen Gartenspritze, und so auf jeder Seite von Feinden umzingelt und in die Enge getrieben, verschwand er in heiler Verzweiflung in den großen eisernen Ofen, der zu seinem Glück nicht geheizt war, und musste seinen Heimweg durch lauter Ofenröhren und Schornsteine antreten, sodass er in einem furchtbaren Zustand des Schmutzes, der Unordnung und der Verzweiflung in seinem Zimmer ankam.

Nach diesem rohen Angriff wurde er nie wieder auf nächtlichen Streifzügen ertappt. Die Zwillinge lauerten ihm wohl noch bei verschiedenen Gelegenheiten auf und bestreuten zum großen Ärger der Eltern und Dienstboten jede Nacht die Gänge mit Nussschalen, aber es half alles nichts. Es war ganz klar, dass die Gefühle des armen alten Gespenstes zu sehr verletzt waren, um ihm noch ein Erscheinen zu ermöglichen. Herr Otis vollendete also seine große Arbeit über die Geschichte der demokratischen Partei, an der er schon seit vielen Jahren arbeitete, Frau Otis arrangierte zur Verblüffung der ganzen Gegend ein wundervolles Preiskuchen-Konkurrenzbacken, die Buben spielten Poker, Lacrosse und andere amerikanische Nationalspiele und Virginia ritt auf ihrem Pony durch das ganze Land, begleitet vom jungen Herzog von Cheshire, der unlängst eingetroffen war, um die letzten Wochen seiner großen Ferien auf Canterville zu verbringen. Man nahm allgemein an, dass der Geist das Schloss verlassen habe und Herr Otis schrieb über diesen Punkt sogar einen Brief an Lord Canterville, der in der Antwort seine große Freude über diese Neuigkeit aussprach und sich der werten Frau Gemahlin des Gesandten aufs Beste empfehlen ließ.

Die Familie Otis aber täuschte sich, denn das Gespenst war noch immer im Hause, und wenn man es auch fast einen Invaliden nennen konnte, so war es doch kaum gesonnen die Dinge auf sich beruhen zu lassen, und dies um so weniger, als es gehört hatte, dass sich unter den Gästen der junge Herzog von Cheshire befand, dessen Großonkel Lord Francis Stilton einst tausend Guineen gegen den Kolonel Carbury gewettet hatte, dass er mit dem Geist von Canterville Würfel spielen wolle, und den man am nächsten Morgen auf dem Boden des Spielzimmers in einem so hilflosen gelähmten Zustande fand, dass er, obwohl er noch ein hohes Alter erreichte, sein Leben lang nichts anderes mehr als double six zu sagen vermochte. Die Geschichte war seinerzeit weit bekannt geworden, aber aus Achtung vor den Gefühlen der beiden vornehmen Familien wurde allseits versucht, sie zu vertuschen. Aber ein genauer Bericht aller Umstände findet sich im dritten Band von Lord Tailles Erinnerungen an den Prinzregenten und seine Freunde. Der Geist also war sehr besorgt zu zeigen, dass er seinen Einfluss über die Stiltons noch nicht verloren habe, mit denen er eigentlich entfernt verwandt war; denn seine rechte Cousine war in zweiter Ehe mit dem Sieur de Bulkeley verheiratet gewesen, von dem, wie allgemein bekannt, die Herzöge von Cheshire in gerader Linie abstammen. Demzufolge bereitete er sich vor, Virginias kleinem Anbeter in seiner berühmten Rolle als der Vampirmönch oder der Blutlose Benediktiner zu erscheinen, eine Rolle, die so schrecklich war, dass, als ihn die alte Lady Startup darin sah (dies geschah in der furchtbaren Neujahrsnacht des Jahres 1764), sie in ein mark- und beinerschütterndes Geschrei ausbrach, das mit einem heftigen Schlagfluss endigte.

Sie starb drei Tage später, nachdem sie die Cantervilles, die doch ihre nächsten Anverwandten waren, enterbt und all ihr Geld ihrem Londoner Apotheker hinterlassen hatte. Aber im letzten Augenblick verhinderte unseren armen Geist die Furcht vor den Zwillingen daran sein Zimmer zu verlassen, und der kleine Herzog schlief in Frieden unter dem großen, reich geschmückten Betthimmel im königlichen Schlafzimmer und träumte von Virginia.

5.

Einige Tage später ritten Virginia und ihr blonder Kavalier über die Brockley-Wiesen spazieren, als Virginia beim Springen über eine Hecke ihr Reitkleid so stark zerriss, dass sie es bei ihrer Heimkehr vorzog, über die Hintertreppe hinaufzugehen, um nicht gesehen zu werden. Als sie an dem alten Gobelinzimmer vorüberlief, dessen Türe zufällig halb offenstand, glaubte sie darin jemand zu sehen, und in der

Annahme, dass es das Kammermädchen ihrer Mutter sei, das manchmal seine Näharbeit dort verrichtete, trat sie ein, um ihr Kleid gleich ausbessern zu lassen. Aber zu ihrer großen Überraschung war es der Geist von Canterville selbst.

Er saß am Fenster und beobachtete wie das verblassende Gold der vergilbten Bäume langsam zur Erde taumelte und wie die roten Blätter in tollem Reigen die lange Allee hinuntertanzten. Sein Haupt lehnte auf seiner Hand, und die ganze Stellung drückte die tiefste Niedergeschlagenheit aus. So verlassen und hinfällig sah er aus, dass die kleine Virginia, deren erster Gedanke es war, fortzulaufen und sich in ihr Zimmer einzuschließen, von Mitleid erfüllt wurde und sich zu bleiben entschloss, um ihn zu trösten. So leise trat sie auf und so tief war seine Schwermut, dass er ihre Anwesenheit nicht eher bemerkte, als bis sie ihn ansprach.

»Sie tun mir so leid«, sagte sie, »aber meine Brüder gehen morgen nach Eton zurück, und wenn Sie sich dann hübsch ruhig betragen werden, so wird Sie niemand mehr belästigen.«

»Es ist einfältig, von mir zu verlangen, dass ich mich gut aufführen soll«, antwortete der Geist und blickte voller Erstaunen auf das hübsche kleine Mädchen, das ihn anzusprechen wagte. »Es ist ganz und gar einfältig, denn ich muss doch mit meinen Ketten klirren und durch Schlüssellöcher ächzen und bei Nacht spazieren gehen, wenn es das ist, was Sie meinen. Und das ist ja mein einziger Lebenszweck.«

»Das ist überhaupt kein Lebenszweck, und Sie wissen sehr gut, dass Sie ein schlechter Mensch gewesen sind. Fräulein Amney sagte uns schon am ersten Tage, als wir ankamen, dass Sie Ihre Frau umgebracht haben.«

»Dies räume ich ein«, sagte der Geist verdrießlich, »aber dies ist eine reine Familiensache und geht keinen anderen etwas an.«

»Es ist aber sehr unrecht jemand umzubringen«, sagte Virginia, die zuweilen einen allerliebsten puritanischen Ernst hatte, der ihr von irgendeinem neuenglischen Ahnen überkommen war.

»Oh, ich hasse die hausbackene Strenge abstrakter Moral! Mein Weib war sehr hässlich, stärkte nie ordentlich meine Halskrause und verstand nichts von der Küche. Da hatte ich nun einmal in Hogly Wood einen Spießer geschossen, einen Kapitalbock, und wissen Sie, wie der auf den Tisch kam? Na, reden wir jetzt nicht mehr davon, das ist ja alles vorüber. Aber ich glaube nicht, dass es sehr nett von meinen Schwägern war, mich zu Tode hungern zu lassen, nur weil ich ihre Schwester getötet habe.«

»Zu Tode hungern? Oh, Sie armer Herr Geist, ich wollte sagen, Sir Simon, haben Sie Hunger? Ich habe ein Butterbrot bei mir, möchten Sie das haben?«

»Nein, ich danke, ich esse jetzt niemals, aber es ist dennoch sehr freundlich von Ihnen und Sie sind überhaupt viel netter, als Ihre ganze schrecklich rohe, pöbelhafte, unanständige Familie.«

»Halt!«, schrie Virginia und stampfte mit dem Fuße auf. »Sie sind selber roh und schrecklich und pöbelhaft, und was die Unanständigkeit anbelangt, so wissen Sie recht gut, dass Sie mir alle Farben aus meinem Malkasten gestohlen haben, um den lächerlichen Blutfleck in der Bibliothek immer wieder aufzufrischen. Erst nahmen Sie das ganze Rot, sogar das Karmin, und ich konnte keinen Sonnenuntergang mehr malen, dann nahmen Sie Smaragdgrün und Chromgelb und endlich ließen Sie mir nichts mehr übrig, als Indigo und Chinesisch-Weiß und da konnte ich nur noch Mondscheinlandschaften malen, die einen immer so traurig stimmen und gar nicht leicht zu malen sind. Ich habe Sie nie verraten, obgleich es mich sehr ärgerte, und dann war die ganze Sache ja ohnehin höchst lächerlich, denn wer hätte je von grünen Blutflecken gehört?«

»Na ja«, sagte der Geist ziemlich kleinlaut, »aber was sollte ich machen? Es ist heutzutage recht schwer, sich wirkliches Blut zu verschaffen, und als Ihr Bruder mit Paragons Universal-Fleckentferner angezogen kam, sah ich keinen Grund, warum ich nicht Ihren Malkasten hätte benutzen sollen. Was nun die Farbe betrifft, so ist das eben Geschmackssache. Die Canterville zum Beispiel haben blaues Blut, das allerblaueste Blut in England, aber ich weiß, ihr Amerikaner legt auf solche Dinge keinen Wert.«

»Das verstehen Sie nicht und überhaupt: Das Beste, was Sie tun können, wäre auszuwandern und drüben Ihre Kenntnisse zu erweitern. Papa wird sich freuen, Ihnen einen Pass und freie Überfahrt besorgen zu können, und obgleich alles Geistige einen hohen Zoll hat, werden Sie beim Zollamt keine Schwierigkeiten haben, denn die Beamten sind dort lauter Demokraten. Und wenn Sie erst einmal in New York sind, so haben Sie einen Bomben-Erfolg in der Tasche. Ich kenne eine Unzahl Leute, die gerne hunderttausend Dollar darum geben würden, wenn Sie einen Großvater haben könnten, und für ein Haus- und Familiengespenst wäre ihnen keine Summe zu hoch.«

»Ich glaube nicht, dass mir Amerika gefiele.«

»Wahrscheinlich, weil wir keine Ruinen und andere solche scheußlichen Altertümer haben«, sagte Virginia spöttisch.

»Keine Ruinen? Keine Altertümlichkeiten?«, antwortete der Geist. »Sie haben doch Ihre Marine und Ihre Manieren!«

»Guten Abend! Ich gehe jetzt zu Papa und bitte ihn, den Zwillingen eine Woche Extraurlaub zu bewilligen.«

»Ach bitte, Fräulein Virginia, gehen Sie nicht«, rief das Gespenst aus, »ich bin so einsam und unglücklich und weiß wirklich nicht, was ich anfangen soll. Ich möchte so gerne schlafen und ich kann nicht.«

»Das sind Redensarten. Sie brauchen ja nur zu Bette zu gehen und das Licht auszulöschen. Es ist manchmal sehr schwierig wach zu bleiben, besonders in der Kirche, aber es ist gar nicht schwer einzuschlafen. Sogar Wickelkinder verstehen das, und die sind doch nicht sehr welterfahren.«

»Ich habe seit dreihundert Jahren nicht mehr geschlafen«, sagte er traurig und Virginias schöne blaue Augen öffneten sich weit vor Verwunderung. »Dreihundert Jahre lang habe ich nicht geschlafen und ich bin so müde!«

Virginia wurde plötzlich ganz ernst und ihre kleinen Lippen zitterten wie Rosenblätter. Sie näherte sich ihm, kniete an seiner Seite nieder und blickte in sein altes verwittertes Gesicht hinauf.

»Armer, armer Geist«, murmelte sie, »haben Sie kein Plätzchen, wo Sie einmal ausschlafen könnten?«

»Weit, weit von hier, jenseits der Tannenwaldungen liegt ein kleiner Garten«, antwortete er mit leiser, träumerischer Stimme, »dort wächst hohes dichtes Gras, darin blühen die großen weißen Sterndolden des Schierlings, und die Nachtigall singt da die ganze Nacht. Sie singt die ganze lange Nacht hindurch, und der kalte kristallne Mond schaut herab und die Trauerweide breitet ihre mächtigen Arme über den Schläfer aus.«

Virginias Augen füllten sich mit Tränen und sie barg ihr Gesicht in den Händen.

»Sie meinen den Garten des Todes«, flüsterte sie.

»Ja, ich meine den Tod! Der Tod muss so schön sein! So schön, in weicher brauner Erde zu liegen und das Gras schwankt über einem hin und her und man horcht auf die Stille. Und es gibt kein gestern und es gibt kein morgen. Man vergisst die Zeit, vergisst das Leben und hat Frieden.

Sie können mir helfen. Sie können mir das Tor im Hause des Todes öffnen, denn Liebe begleitet Sie auf allen Ihren Wegen, und Liebe ist stärker als der Tod.«

Virginia zitterte und ein kalter Schauer lief über ihren Rücken und einige Augenblicke lang herrschte Schweigen. Es war ihr, als träume sie einen angstvollen Traum.

Dann sprach das Gespenst wieder und seine Stimme klang wie das Seufzen des Windes: »Haben Sie schon einmal die alte Prophezeiung auf dem Fenster in der Bibliothek gelesen?«

»Oh ja, sehr oft!«, rief das kleine Mädchen und sah auf. »Ich kenne sie sehr gut. Sie ist in seltsamen Buchstaben geschrieben und ist sehr schwer zu lesen. Es sind nur sechs Zeilen:

> Wenn der Maid im gold'nen Haar es gelingt,
> dass sie einen Sünder zum Beten zwingt,
> wenn der dürre Baum sich mit Blüten behängt,
> und Allschuld ihr Antlitz mit Tränen tränkt,
> dann wird's im Hause hier wieder still,
> und Friede herrscht über Canterville!

»Aber ich weiß nicht, was das bedeutet.«

»Das bedeutet«, sagte der Geist ernst, »dass Sie um meiner Sünden willen mit mir weinen müssen, denn ich habe keine Tränen, und dass Sie mit mir um mein Seelenheil beten müssen, denn ich habe keinen Glauben. Und, wenn Sie immer süß und gut und lieb gewesen sind, wird sich der Engel des Todes meiner erbarmen. Sie werden schreckliche Gestalten in der Dunkelheit sehen und schauerliche Stimmen werden an Ihr Ohr schlagen, aber es wird Ihnen nichts geschehen, denn gegen die Reinheit eines Kindes können die Mächte der Hölle nicht ankämpfen.«

Virginia antwortete nicht und der Geist rang die Hände in wilder Verzweiflung, indes er auf ihr goldenes Köpfchen niedersah. Plötzlich stand sie auf und war sehr bleich und ein seltsames Licht flammte in ihren Augen. »Ich fürchte mich nicht«, sagte sie fest, »und ich will den Engel bitten, dass er sich Ihrer erbarme.«

Mit einem schwachen Ausruf der Freude stand er von seinem Sitze auf, nahm ihre Hand in die seine, beugte sich mit altmodischer Grazie darüber und küsste sie. Seine Finger waren kalt wie Eis und seine Lippen brannten wie Feuer, aber Virginia wurde nicht wankend, als er sie durch das dämmerige Zimmer führte. In die verblasste grüne Tapete waren kleine Jägersmänner eingestickt, die in ihre troddelgeschmückten Hörner bliesen und ihr mit ihren kleinen Händen zuwinkten, umzukehren. »Kehr um, kleine Virginia«, riefen sie, »kehr um!« Aber der Geist umklammerte ihre Hand noch fester und so schloss sie die Augen vor den Warnern. Schreckliche Tiere mit Eidechsenschwänzen und Glotzaugen blinzelten sie vom Kaminsims her an und murmelten: »Hüte dich, kleine Virginia. Wir werden dich niemals wiedersehen.« Aber der Geist glitt leise weiter und Virginia hörte nicht auf die Stimmen. Als sie das Ende des Zimmers erreicht hatten, machte er Halt und murmelte einige Worte, die sie nicht verstehen konnte. Sie öffnete die Augen und sah, dass die Wand wie in einem Nebel verschwand, und sich eine große, schwarze Höhle vor ihr öffnete. Ein eiskalter Wind hauchte ihnen entgegen und sie fühlte, wie etwas an ihrem Kleide zerrte. »Rasch, rasch«, rief der Geist, »sonst ist es zu spät«, und im nächsten Augenblicke hatte sich das Tafelwerk wieder hinter ihnen geschlossen und das Gobelinzimmer war leer.

6.

Zehn Minuten später tönte der Gong zum Tee, und da Virginia nicht herunterkam, schickte Frau Otis einen Diener hinauf sie zu holen. Nach einigen Augenblicken kam er zurück und meldete, dass er Fräulein Virginia nirgends finden könne.

Da es ihre Gewohnheit war, jeden Abend in den Garten zu gehen, um Blumen für den Abendtisch zu holen, so war Frau Otis im Anfang gar nicht beängstigt. Als es aber sechs Uhr schlug und Virginia immer noch nicht kam, wurde sie doch sehr besorgt und schickte die Knaben aus Virginia zu suchen, indes sie selbst und Herr Otis jeden Raum im Hause durchforschten. Um halb sieben kamen die Zwillinge zurück und sagten, dass sie von ihrer Schwester keine Spur hätten finden können. Nun waren alle äußerst aufgeregt und niemand wusste, was zu geschehen habe, bis sich Herr Otis plötzlich erinnerte, dass er vor einigen Tagen einer Zigeunerbande die Erlaubnis gegeben habe, ihr Lager im Park aufzuschlagen. Er machte sich also sofort nach Blackfell Hollow auf, wo sie kampierten, wie er wusste, und sein ältester Sohn und zwei Knechte begleiteten ihn. Der kleine Herzog von Cheshire, der ganz außer sich vor Sorge war, bat heftig, man möge ihn auch mitnehmen, aber Herr Otis wollte es ihm nicht erlauben, denn er fürchtete, der junge Herr könnte mit seiner Aufgeregtheit das Unternehmen nur stören. Aber als sie an dem Orte ankamen, stellte es sich heraus, dass die Zigeuner längst fort waren, und zwar musste ihr Aufbruch sehr rasch erfolgt sein, denn das Feuer brannte noch und einige Teller lagen im Grase. Herr Otis befahl Washington und den beiden Knechten, sofort den ganzen Bezirk zu durchsuchen, lief nach Hause und telegrafierte an alle Polizeiinspektoren der Gegend und ersuchte sie, nach einem kleinen Mädchen zu forschen, das vermutlich von

Wegelagerern oder Zigeunern gestohlen worden sei. Dann ließ er sein Pferd satteln, bestand darauf, dass sich seine Frau und die drei Knaben zum Essen setzten und ritt mit einem Reitknecht die Straße nach Ascot hinunter. Aber kaum war er ein paar Kilometer weit geritten, so hörte er jemand hinter sich her galoppieren. Er blickte sich um und sah, wie ihm der kleine Herzog, hochrot im Gesicht und ohne Hut, auf seinem Pony nachgesetzt kam. »Herr Otis, Herr Otis«, stieß der junge Mann keuchend hervor, »ich kann nicht essen, so-lange Virginia nicht gefunden ist. Bitte, seien Sie nicht böse. Aber wenn Sie unsere Verlobung im vorigen Jahre erlaubt hätten, so wäre das alles nicht passiert! Nicht wahr, Sie schi-cken mich nicht zurück? Ich geh nicht zurück, ich will auf jeden Fall mitkommen!«

Der Gesandte musste über den hübschen jungen Hitz-kopf lächeln und war sehr gerührt über seine Liebe zu Vir-ginia, und so beugte er sich vom Pferde herüber, klopfte ihm freundlich auf die Schulter und sagte: »Also gut, Cecil, wenn Sie nicht umkehren wollen, so müssen Sie wohl mit mir kommen, aber ich muss Ihnen in Ascot erst einen Hut kaufen.«

»Der Teufel hole meinen Hut, ich will Virginia wieder ha-ben!«, rief der kleine Herzog lachend und sie galoppierten nach der Eisenbahnstation. Dort fragte Herr Otis den Sta-tionsvorstand, ob irgendein Mädchen, auf das die Beschrei-bung Virginias passe, auf dem Perron gesehen worden sei, aber er konnte nichts über sie erfahren. Der Stationsvor-stand depeschierte die ganze Linie entlang und versicherte ihm, dass genaueste Nachforschungen angestellt werden sollten, und nachdem er in einem Laden, der eben geschlos-sen werden sollte, für den kleinen Herzog einen Hut gekauft hatte, ritt Herr Otis nach Bexley weiter, einem Dorf, das un-gefähr vier Meilen entfernt war, und wo, wie man ihm sagte, ein wohlbekanntes Zigeunernest sei, weil dort eine große Gemeindewiese läge. Hier trommelten sie den Gendarmen aus dem Bette, konnten aber nichts von ihm herausholen, und nachdem sie noch über die ganze Wiese geritten waren, wandten sie ihre Pferde heimwärts und erreichten das Schloss gegen elf Uhr totmüde und ganz verzweifelt.

Washington und die Zwillinge erwarteten sie beim Pförtnerhaus mit Laternen, da die Allee schon sehr dunkel war. Nicht die kleinste Spur von Virginia war gefunden worden. Man hatte die Zigeuner auf den Brockley-Wiesen festgehalten, aber sie war nicht bei ihnen und sie hatten ihren plötzlichen Aufbruch mit dem Umstande erklärt, dass sie sich im Datum des Jahrmarktes in Chorton geirrt hätten und nun aus Furcht sie könnten zu spät kommen, Hals über Kopf aufbrechen müssten. Sie waren aufrichtig betrübt, als sie von Virginias Verschwinden hörten, denn sie waren Herrn Otis sehr dankbar dafür, dass er ihnen erlaubt hatte im Parke zu kampieren, und vier von ihnen blieben sogar zurück, um alles absuchen zu helfen. Man ließ den Karpfenteich ab, man durchsuchte das ganze Schloss, aber alles ohne den geringsten Erfolg. Es war klar, dass Virginia mindestens für diese Nacht verloren blieb, und im Zustande tiefster Niedergeschlagenheit gingen Otis und die Knaben zum Hause hinauf, indes der Groom mit den zwei Pferden und dem Pony folgte. In der Halle fanden sie eine Gruppe aufgeregter Dienstleute und auf dem Sofa in der Bibliothek lag die arme Frau Otis ganz außer sich von Schrecken und Angst, und die Haushälterin machte ihr Umschläge mit Eau de Cologne. Herr Otis bestand sofort darauf, dass sie etwas zu sich nehme und bestellte das Abendessen für die ganze Gesellschaft. Es war ein trübseliges Mahl, niemand tat so recht den Mund auf, und selbst die Zwillinge waren ganz schreckverstummt und zerknirscht, denn sie liebten ihre Schwester recht innig.

Als man vom Tische aufstand, schickte Herr Otis trotz der inständigen Bitte des kleinen Herzogs alle zu Bett, indem er erklärte: In der Nacht könne man nichts mehr unternehmen, und am nächsten Morgen wolle er an die Polizeidirektion in London depeschieren, damit man ihm sofort einige Detektive herschicke.

Gerade, als sie das Speisezimmer verlassen wollten, begann es vom Kirchturm Mitternacht zu dröhnen, und als der letzte Schlag verhallte, hörten sie ein furchtbares Gepolter und einen jähen, schrillen Schrei. Ein schrecklicher Donnerschlag erschütterte das ganze Haus, ein überirdischer Gesang zitterte leise durch die Luft, ein Stück aus der Wandtäfelung im Treppenhause sprang mit einem dumpfen Geräusche zur Seite und auf dem Treppenabsatz erschien sehr bleich und weiß mit einem kleinen Schmuckkästchen in der Hand – Virginia! Im selben Augenblicke stürzten alle auf sie zu. Frau Otis schloss sie leidenschaftlich in die Arme, der Herzog erstickte sie beinahe mit heftigen Küssen und die Zwillinge vollführten einen wilden Indianertanz um die Gruppe.

»Um Himmels willen, Kind, wo bist du nur gewesen?«, sagte Herr Otis fast böse, da er glaubte, dass sie irgendeinen närrischen Streich ausgeführt hatte. »Cecil und ich sind durch das ganze Land geritten, um dich zu suchen, und deine Mutter hat sich fast zu Tode geängstigt! Du darfst in Zukunft nie wieder solche Streiche machen.«

»Nur dem Gespenst darfst du Streiche spielen, nur dem Gespenst«, brüllten die Zwillinge und machten Sprünge wie junge Böcke.

»Gott sei Dank, mein Liebling, dass wir dich wieder haben, du darfst mich nie mehr verlassen«, murmelte Frau Otis und küsste ihr zitterndes Kind und strich mit der Hand über das wirre Goldhaar.

»Papa«, sagte Virginia ruhig, »ich war bei dem Gespenst. Es ist tot und du musst kommen und dir den Ärmsten anschauen. Er war sehr böse in seinem Leben, aber sein Benehmen hat ihm schließlich sehr leid getan, und er gab mir dieses Kästchen mit wundervollen Juwelen, bevor er starb.«

Die ganze Familie starrte sie mit wortloser Verblüffung an, aber sie war ganz ruhig und ernst, drehte sich um und führte sie alle durch die Öffnung in der Vertäfelung einen engen, geheimen Korridor hinunter. Washington folgte mit einer angezündeten Kerze, die er vom Tische genommen hatte. Sie kamen endlich zu einer schweren eichenen Tür, die mit rostigen Nägeln beschlagen war. Virginia berührte sie und da flog sie auf in ihren knarrenden großen Angeln. Nun standen sie in einem kleinen, niederen Zimmer mit einer gewölbten Decke und einem kleinen vergitterten Fenster. In die Wand war ein riesiger Eisenring eingelassen und daran war ein dürres Skelett angekettet, das der Länge nach auf den Steinfliesen ausgestreckt lag und mit seinen langen, fleischlosen Fingern nach einem altmodischen Teller und einem Kruge zu greifen suchte, die so standen, dass er sie nicht erreichen konnte. Der Krug war augenscheinlich einst mit Wasser gefüllt gewesen, denn ein blassgrüner Schimmel bedeckte seine Innenseite. Auf dem Teller lag nichts, als ein kleines Häufchen Krümelstaub. Virginia kniete an der Seite des Skeletts nieder, faltete ihre kleinen Hände und begann leise zu beten, indes der Rest der Gesellschaft verwundert auf die furchtbare Tragödie blickte, deren Geheimnis nun enthüllt war.

»Seht doch«, rief plötzlich einer der Zwillinge, der aus dem Fenster gesehen hatte, um sich zu vergewissern, in welchem Flügel des Hauses das Zimmer eigentlich lag, »seht nur, der alte, vertrocknete Mandelbaum hat wieder geblüht, ich sehe seine Blüten ganz deutlich im Mondlicht.«

»Gott hat ihm vergeben«, sagte Virginia ernst, als sie aufstand, und ein wunderbarer Glanz schien ihr Gesicht zu verklären.

»Welch ein Engel du bist!«, sagte der junge Herzog und legte seinen Arm um ihre Schulter und küsste sie.

7.

Vier Tage nach diesen höchst merkwürdigen Zwischenfällen bewegte sich ein Leichenzug um elf Uhr nachts aus dem Schloss von Canterville. Der Leichenwagen wurde von acht Rappen gezogen und jeder Rappe trug auf seinem Kopfe einen großen Busch nickender Straußfedern, und der Bleisarg war bedeckt mit einer reichen Purpur-Decke, in die das Wappen Derer von Canterville in Gold eingestickt war. Neben dem Leichenwagen und den Trauerkutschen gingen Diener mit brennenden Fackeln und der ganze Zug war ungemein feierlich. Lord Canterville war der Hauptleidtragende und eigens aus Wales gekommen, um dem Leichenbegängnis beizuwohnen, und er sah im ersten Wagen neben der kleinen Virginia. Dann kam der Gesandte der Vereinigten Staaten mit seiner Frau, dann Washington und die zwei anderen Söhne, und im letzten Wagen saß Fräulein Umney, ganz allein. Da sie länger als fünfzig Jahre ihres Lebens durch das Gespenst erschreckt worden war, so hatte sie auch ein Recht von ihm Abschied zu nehmen, wie man allgemein fühlte. In der Ecke des Friedhofes war ein tiefes Grab ausgehoben worden, gerade unter der alten Trauerweide, und Hochwürden Augustus Dampier hielt die Grabrede in der eindrucksvollsten Weise. Als die Zeremonie vorüber war, verlöschten die Diener nach alter Sitte der Familie Canterville ihre Fackeln, und als der Sarg ins Grab hinuntergelassen werden sollte, trat Virginia vor und legte ein großes Kreuz aus weißen und roten Mandelblüten darauf. In diesem Augenblicke kam der Mond hinter einer Wolke hervor und überflutete mit seinem stillen Silberlichte den kleinen Friedhof, und aus einem fernen Busche begann eine Nachtigall zu schlagen. Virginia dachte an die Schilderung, die ihr der Geist vom Garten des Todes gemacht hatte, ihre Augen füllten sich mit Tränen und sie sprach auf der Heimfahrt kaum ein Wort.

Am nächsten Morgen hatte Herr Otis mit Lord Canterville vor dessen Rückkehr in die Stadt eine Unterredung wegen der Juwelen, die das Gespenst dem Fräulein Virginia gegeben hatte. Sie waren ganz hervorragend schön, besonders ein Rubinenhalsband in altvenezianischer Fassung, ein Meisterstück der Kunst des sechzehnten Jahrhunderts, und der Wert der Kostbarkeiten war so groß, dass Herr Otis einige Skrupel hatte, ob er seiner Tochter die Annahme erlauben dürfe.

»Mein Herr«, sagte er, »ich weiß allerdings, dass in diesem Lande die Güter der toten Hand sowohl in Landbesitz als auch in Schmuckstücken bestehen können, und es erscheint mir ganz klar, dass diese Juwelen Erbstücke Ihrer Familie sind oder doch sein sollten. Ich muss Sie also bitten, sie mit nach London zu nehmen und sie als einen Teil Ihres Vermögens zu betrachten, der Ihnen unter gewissen, höchst sonderbaren Umständen zurückerstattet wurde. Was meine Tochter betrifft, so ist sie ja noch ein Kind und hat, wie ich mit Freude sagen kann, wenig Interesse an solchen Luxusgegenständen. Meine Frau, die, wie ich ruhig sagen darf, eine Autorität in Kunstdingen ist – sie hatte nämlich den Vorzug, als junges Mädchen einige Winter in Boston zu verbringen – meine Frau also hat mir mitgeteilt, dass diese Juwelen einen ganz bedeutenden Geldwert repräsentieren und dass sie bei einem Verkauf einen überraschend hohen Preis erzielen würden. Unter diesen Umständen, Lord Canterville, bin ich überzeugt, dass Sie mir beistimmen werden, wie unmöglich es für mich wäre, einem Mitglied meiner Familie zu erlauben, im Besitz dieser Juwelen zu bleiben, und endlich ist all dieses eitle Flitterwerk und dieser Tand, so sehr es vielleicht zur Würde der britischen Aristokratie zu gehören scheint, doch ganz und gar nicht am Platze bei Menschen, die in den strengen und, wie ich sicher glaube, unsterblichen Prinzipien republikanischer Einfachheit erzogen sind. Vielleicht sollte ich auch noch erwähnen, dass Virginia mit Ihrer gütigen Erlaubnis recht gern die Schatulle selbst behalten möchte zur Erinnerung an Ihren unglücklichen und irregeleiteten Ahnherrn. Da die Schatulle sehr alt und unmodern, sowie auch sehr reparaturbedürftig ist, so werden Sie vielleicht geneigt sein, die Bitte Virginias zu erfüllen. Was mich betrifft, so gestehe ich, dass ich einigermaßen überrascht bin darüber, dass eines meines Kinder in irgendeiner Weise mit dem Mittelalter sympathisiert, und ich kann es mir nur dadurch erklären, dass Virginia in einem Ihrer Londoner Vororte geboren wurde, kurz nachdem meine Frau von einer Reise nach Athen zurückgekehrt war.«

Lord Canterville hörte die weitschweifige Rede des würdigen Gesandten mit großem Ernste an und strich nur hier und da seinen grauen Schnurrbart, um ein unwillkürliches Lächeln zu verbergen. Als Herr Otis zu Ende war, schüttelte er ihm herzhaft die Hand und sagte: »Mein bester Herr Otis! Ihre entzückende, kleine Tochter hat meinem unglückseligen Ahnherrn Sir Simon einen sehr großen Dienst geleistet und meine Familie und ich stehen tief in ihrer Schuld für ihren erstaunlichen Mut. Die Juwelen gehören selbstverständlich ihr, und ich glaube, wenn ich herzlos genug wäre sie ihr wegzunehmen, würde der tolle, alte Bursche in längstens vierzehn Tagen aus seinem Grabe wieder herausklettern, um mir mit seinen Teufeleien das ganze Leben zu verbittern. Was aber den Begriff Erbstück betrifft, so ist nichts ein Erbstück, was nicht als solches in einem Testament oder einem anderen gesetzlichen Dokument bezeichnet wurde und die Existenz dieser Juwelen war bis dato ganz unbekannt. Ich versichere Ihnen also, dass ich nicht mehr Recht darauf habe als ihr Kammerdiener, und wenn Fräulein Virginia herangewachsen ist, wird sie sicherlich ganz froh sein, solche hübsche Dinge tragen zu können. Überdies vergessen Sie ganz, Herr Otis, dass die gesamte Einrichtung inklusive Gespenst im Preise des Schlosses inbegriffen war, und dass also alles, was dem Gespenste gehörte, gleichzeitig in Ihren Besitz überging, da Sir Simon, welche nächtliche Tätigkeit er auch in den Korridoren entwickelt haben mag, doch vom gesetzlichen Standpunkte aus tot war, und Sie sein Eigentum durch Kauf erworben hatten.«

Herr Otis war durch Lord Cantervilles Weigerung zuerst einigermaßen verwirrt und bat ihn, sich seinen Entschluss nochmals zu überlegen, aber der gutmütige Lord blieb fest und brachte endlich den Gesandten dazu, seiner Tochter die Erlaubnis zu geben das Geschenk des Geistes zu behalten, und als später (im Frühjahr 1890) die junge Herzogin von Cheshire gelegentlich ihrer Hohheit der Königin vorgestellt wurde, erregten ihre Juwelen allgemeine Bewunderung. Denn Virginia bekam wirklich ihre Adelskrone (und das ist die Belohnung aller braven kleinen Amerikanerinnen) und heiratete ihren jungen Anbeter, sobald er großjährig geworden war. Sie blieben beide ein so reizendes Paar und sie liebten einander so sehr, dass alle Welt von der Partie entzückt war, mit Ausnahme der alten Marquise von Dumbleton – die versucht hatte, den Herzog für eine ihrer sieben unverheirateten Töchter zu kapern und zu diesem Zwecke nicht weniger als drei großmächtige Diners gegeben hatte – und merkwürdigerweise auch mit Ausnahme des Herrn Otis selbst. Herr Otis hatte den jungen Herzog persönlich sehr gern, aber in der Theorie war er ein Gegner aller Titel und »er fürchtete«, um seine eigenen Worte zu gebrauchen, »dass unter dem entnervenden Einfluss einer vergnügungssüchtigen englischen Aristokratie die wahren Prinzipien republikanischer Einfachheit in Vergessenheit geraten könnten.« Aber seine Bedenken wurden vollständig überstimmt, und ich glaube, dass es in ganz England weit und breit keinen stolzeren Mann gab als ihn, als er, seine Tochter am Arm, durch das Kirchenschiff von St. George, Hanover Square, im Hochzeitszuge dahinschritt.

Als die Flitterwochen vorüber waren, zogen der Herzog und die Herzogin aufs Schloss von Canterville, und am Tage nach ihrer Ankunft gingen sie nachmittags hinüber zum einsamen Gottesacker unter den Tannen. Es hatte zuerst manche Schwierigkeiten gegeben, bis man sich über die Inschrift auf Sir Simons Grabstein einig werden konnte, und schließlich kam man überein, nichts darauf zu setzen, als die Anfangsbuchstaben des Namens und die Verse vom Fenster der Bibliothek. Die Herzogin hatte einige schöne Rosen mitgebracht, die sie auf das Grab streute, und nachdem beide einige Zeit davor gestanden hatten, wanderten sie weiter in die Ruinen der alten Abtei. Dort setzte sich die Herzogin auf eine umgestürzte Säule und ihr Mann legte sich zu ihren Füßen, zündete sich eine Zigarette an und schaute verliebt und entzückt in ihre wunderbaren Augen. Plötzlich warf er seine Zigarette fort, nahm Virginia bei der Hand und sagte: »Hör mal, mein Kind, eine Frau sollte vor ihrem Gatten eigentlich keine Geheimnisse haben.«

»Aber, bester Cecil! ich habe doch keine Geheimnisse vor dir?«

»Doch, doch!«, antwortete er lächelnd, »du hast mir ja

nie erzählt, was dir begegnet ist, als du mit dem Geist verschwunden warst.«

»Ich hab es niemand erzählt, Cecil«, sagte Virginia ernst.

»Das weiß ich, aber mir solltest du es doch sagen!«

»Bitte, frage mich nicht, Cecil, denn ich kann es dir nicht sagen! ... Armer Sir Simon! Ich verdanke ihm soviel, soviel! ... Ja, lache nur nicht, Cecil, es ist so! Er hat mich verstehen gelehrt, was Leben ist und was der Tod bedeutet, und warum die Liebe stärker ist als beides.«

Der Herzog stand auf und küsste seine junge Frau äußerst liebevoll.

»Behalte dein Geheimnis solange, als ich dein Herz habe«, sagte er leise.

»Das hast du schon immer gehabt, Cecil.«

»Und vielleicht erzählst du alles einmal unseren Kindern, nicht wahr?«

Virginia errötete ...